多维思考

王烁 / 著

湖南文艺出版社
HUNAN LITERATURE AND ART PUBLISHING HOUSE
博集天卷
CS-BOOKY

图书在版编目（CIP）数据

多维思考 / 王烁著 . -- 长沙：湖南文艺出版社，2020.10
ISBN 978-7-5404-9799-6

Ⅰ . ①多… Ⅱ . ①王… Ⅲ . ①思维训练 Ⅳ . ① B80

中国版本图书馆 CIP 数据核字（2020）第 157296 号

上架建议：成功励志

DUOWEI SIKAO
多维思考

作　　者：王　烁
出 版 人：曾赛丰
责任编辑：丁丽丹
监　　制：秦　青
策划编辑：张　卉
文字编辑：陈　皮
营销编辑：吴　思
版式设计：谭　锴
封面设计：利　锐
出　　版：湖南文艺出版社
（长沙市雨花区东二环一段 508 号　邮编：410014）
网　　址：www.hnwy.net
印　　刷：旺源文化发展（天津）有限公司
经　　销：新华书店
开　　本：875mm × 1270mm　1/32
字　　数：122 千字
印　　张：7
版　　次：2020 年 10 月第 1 版
印　　次：2020 年 10 月第 1 次印刷
书　　号：ISBN 978-7-5404-9799-6
定　　价：59.00 元

若有质量问题，请致电质量监督电话：010-59096394
团购电话：010-59320018

自序

直面现实，认知升级

你好，我是王烁。

欢迎你翻开本书。

得到App里的课程，绝大多数讲的就是某个领域的某个话题，不过现实既不认识领域，也不认可领域之间的边界，它是一系列真实处境，逼迫处境中的我们面对困难问题，不管它来自哪里。

还好，我们是知识的游牧民族，不必固守哪个领域，兵来将挡，水来土掩，每一个当下都坦然面对。在这本书里，我与你一起直面现实，寻找解法。

直面现实必然不轻松。在撰写这些文章的时候，同事时不时感叹：真“丧”啊。我告诉她：现实就是现实，本身不存在“丧”与“不丧”，但直面现实绝对不是“丧”。洞察现实的真相，想办法与它周旋，不放过一丝逆天改命的机会，这需要很多勇气、不少智慧，以及一点慈悲。

进入这30讲，你会面对这些问题：

如果一代人整体输在了起跑线，不是比喻而是现实，你怎么办?

如果命运稳稳地与你作对，你怎么办？又或者，如果命运的轮盘赌终于变得不那么稳定，你怎么办?

你当然知道解决问题应该治本而不是治标，但如果能做的事就只是治标，你怎么办?

如果比你水平高、比你懂得多、比你能力强的人，没有理由会失败的人，也几乎注定失败，你怎么办?

你当然知道运气不公平，但如果它比你想象的还要不公平得多，你怎么办?

如果你觉得世人皆醉你独醒，你只能与大家逆向而行，那么，你怎样才能在人流中逆行却活得下来、活得好、活得长?

如果你终于发现，你原以为比你傻的人结果比你聪明，原以为比你聪明的人其实比你傻，你首先要自检什么?

如果你感到好人无几，小人很多，伪君子更多，你怎么办?

如果最亲密的关系却最经不起拨弄，你本以为比黄金更坚固的感情实际上比玻璃更脆弱，你怎么办?

如果三观不合是因为一半早已天注定，你还能怎么办？

如果提意见并不能解决问题，你为什么还要提意见？怎样正确地提意见？

我们都得在反馈中学习，但如果指引我们在学习中前进的反馈机制，最终会将我们一路带进陷阱，怎么办？

你可能有无穷的抱负，但你的能力必然是有限的。要把无穷的抱负与有限的能力协调起来，你该怎么办？

等等，等等。

重要的问题都是难题，最重要的问题没有正解。温斯顿·丘吉尔（Winston Churchill）说，最糟糕的是给人一个马上就会破灭的希望。我也没有正解，但为你提供了能帮助你寻找答案的线索，还为你推荐了合理的打法。

现实是个魔鬼，这一次，我来跟你讲怎么跟它好好打一场。

如果你决定跟我一起省视过往，正视现实，寻找对你有用、有效的打法。

恭喜你，你就是那种用特殊材料做成的人！

欢迎你加入！

目录

面对大势

趋势：世界是否在降维 / 002
过往：为何总是重蹈覆辙 / 009
财富：钱有什么用 / 016
人性：人从什么时候变坏 / 023
选择：沉住气还是孤注一掷 / 031

认识社会

规划：你已经输在起跑线 / 038
运气：比你想象得还不公平 / 044
共识：不要追求合三观 / 050
选择：反馈最后会把你带到陷阱 / 057

洞察组织

解题：宁复杂，别简单 / 068

规则：创新必须讲政治 / 074

战略：人际斗争有万能打法 / 080

关系：不可不铁，不可太铁 / 086

情感：越亲密越脆弱 / 095

资源：别清空存量，清空存量思维 / 102

选择：逃离作死 / 109

加持技能

提问：问得太少你吃亏 / 116

提意见：有话好好说 / 123

输出：写作进阶指南 / 131

学习：老狗这样学新招 / 136

选择：做点无用的事 / 143

打磨思维

锯箭思维：治标是智慧 / 152

逆向思维：逆行者必备清单 / 158

分阶思维：螳螂捕蝉，黄雀在后 / 165

行动思维：如何聚焦 / 172

周期思维：活下来，就赢了 / 179

胜败思维：人必有一败 / 186

面对天命

自由：如何做一生就一次的选择 / 196

自我：一个善人怎样才能活下来？ / 202

自在：如何设计人生大战略 / 205

面对大势

趋势：世界是否在降维

刘慈欣在《三体》里面写道：失去人性，失去很多；失去兽性，失去一切。这句话代表了现实主义者对现实的理解，理想主义者会这样反击：只有兽性的话，才会失去一切。

我先讲现实主义，讲其中最容易理解的一种版本：世界的真相是托马斯·霍布斯（Thomas Hobbes）说的丛林社会，没有法律，没有规则，没有共识，没有信任，只有一切人对一切人的战争。什么都是假的，只有生存、利益和权力是真的，而三者是一回事。

理想主义则是对现实主义的超越：我们不必是丛林社会。一切人对一切人的战争只能走向共同毁灭，我们应该也可以跳出陷阱。在信任、共识、规则的基础上共存，兼容利益。

总之，现实主义认为现实是血淋淋的，理想主义认为不是必须得这样。现实主义认为理想主义迂腐，选择理想主义等于坐视被别人毁灭。理想主义认为现实主义危险，选择现实主义终将导致共同毁灭。

第一次世界大战结束 100 周年刚过去不久。一战是西方世界的分水岭，二战从内在动力和斗争逻辑看是一战的延续。一战使当时的世界中心变成焦土，一代精英死于战场。国家崩溃，人才凋零，心气沉沦。痛定思痛，精英们反省为什么共同选择了自我毁灭。

战前几百年间，国家之间的基本框架是现实主义的：

各国是民族国家，主权神圣；国家之间竞争权力，基本策略是力量平衡（balance of power），就是合纵连横，如果哪个国家过于强大要称霸，其他国家会结盟制衡它；结盟完全是机会主义的，一丝一毫也不永恒，基于力量格局而定；如果某个盟友脱颖而出想称霸，以前的盟友就会变成它的敌人，不惜与此前的对手结盟。

总之，枪打出头鸟，盟友天天变。德国首相奥托·冯·俾斯麦（Otto von Bismarck）也说：搞政治不是下象棋。下棋有规则，马走日，象走田，有些下法不能下，有些位置去不了，搞政治则百无禁忌，哪里都能去，什么都能做。

现实主义的力量平衡策略贯穿了整个欧洲近代史，管用了几百年，但它终究是不稳定的，它对政治家们的随机应变能力要求过高。它最终于 20 世纪初崩溃，大战爆发，世界重新洗牌。新一代精英反思后，选择建立超国家的多边机构，依据共同遵守的法律、规则、共识行事，共同防止战争。这就是今天世界体系的由来：联合国、世界银行、国际货币基金组织、世界贸易组织在新霸主美国的主持下建立。从全世界的角度看，国际体系从来没有像1945年到2017年间这样理想主义。当然，你非要说它虚伪也可以，因为理想主义绝不可能彻底，国家间政治到现在一样是以现实主义为本，最多是现实主义、理想主义杂糅。但是，有点理想主义的成分，总比全都跟你搞现实主义好点吧。

现实主义者对这套体系当然还是嗤之以鼻。即使这套体系是由美国牵头建的，在美国也始终有一派很强的力量主张抛开国际体系单干。他们觉得这要么不管用，要么限制了美国的行动自由，要么让美国承担了过高的成本。世界的真相一点都没有变：国家之间处于无政府状态，没有超国家机构提供安全保护；每个国家都拥有武力，也都无法对其他国家完全放心，为了生存，所有国家都要追求力量，保证安全。

当代现实主义政治学代表人物之一、芝加哥大学政治学教授约翰·米尔斯海默（John Mearsheimer）把这套逻辑外推到极致。

第一个外推：国家对力量的追逐不会满足于进入大国之林，而是要到获得霸主地位为止。所谓霸主，就是比所有其他国家及其联盟都更强大，以一国敌天下，因为只有这样才足够安全。

更重要的是第二个外推：国家间竞争的不是绝对力量，而是力量对比变化，如果我变强但你也变强导致我的相对优势减少，那么我的安全就受损了。由此，米尔斯海默把国家间的安全考虑博弈变成简单残酷的零和游戏。如果我领先，那么差距绝不能被缩小；如果你领先，那么差距绝不能被扩大。有点像人与人之间的忌妒。忌妒是毁灭性的，这种零和游戏也一样，只是没有情绪，只有冰冷的算计。

米尔斯海默称之为“进攻性现实主义”（offensive realism）。在他看来，这场零和游戏与国家性质无关，与民族性格无关，也无关正义与邪恶。美国两次参加世界大战，不是为了打败纳粹，而是为了防止欧洲出现霸主，冷战不是为了保卫自由，而是必须打败霸权竞争者苏联。自由贸易、多边机构也化解不了国家间冲突。

米尔斯海默的进攻性现实主义理论对不对？

我想说它不对。人类社会的发展过程，就是不同层级的群体逐渐接受法律、规则、共识的过程。从个体开始，经由家庭、宗族、村落、部落、国家，步步上升，在越来越大的规模上超越丛林社会，建立秩序和规则。今天，秩序和规则已存在于国家之内，国家之间尚处于无政府状态，为限制这种无政府状态所打的种种补丁，从联合国到世界贸易组织到欧盟，是理想主义在现实世界中取得的成就。

来自政治学者同样基于冷静算计的批评，我推荐中国政治学者、复旦大学教授唐世平。他在《国际政治的社会演化》一书中以进化论来解释国际关系史，认为其经历了三个时代。首先是进攻性现实主义时代，国家间以力量相互吞并，要么征服，要么被征服，这埋下了自我颠覆的种子。征服使国家数量越来越少而规模越来越大，征服越有效，接下来就越失效。自现代民族国家体系建立以来，所有建立全球霸权的努力全告失败，将世界带入防御性现实主义时代，大国消灭不了对方，不得不寻找共存之道。最后，二战结束以来，终于接受长期和平共处现实的大国，趋向长期合作，并催生多边规则，走向基于规则的国际关系。

用大白话来说：第一，谁也消灭不了谁，那就好好过吧；第二，既然要好好过，那就讲道理吧。

唐世平认为，进攻性现实主义适用于前大国政治时代，防御性现实主义适用于大国政治时代（17 世纪中叶至二战结束），基于多边规则的国际关系适用于二战结束以来的时代。要是将理论与时代错配，后果很严重。从唐世平的框架看过去，米尔斯海默在今天讲进攻性现实主义无疑是返祖现象。

但是，我也不能说米尔斯海默就错了。

人是观念的动物。人们被自己相信的东西驱使，世界观里只有零和游戏的人看什么都是零和游戏，行动起来也会真的把一切都变成零和游戏。刘慈欣在《三体》里讲到降维，一张二向箔就把太阳系从三维世界降成二维，席卷，推平。他写的是科幻，现实中的人类合作秩序有多重维度，但零和思维就像二向箔，拥有能将正和思维推平降维的实力——只要对方是零和思维，你就只好也变成零和思维。

米尔斯海默的进攻性现实主义理论形成于冷战结束之后，一直与世界政治经济形势格格不入，在理论界处于边缘位置。但今天大不同，仔细看唐纳德·特朗普（Donald Trump）政府的各种做法，如果说是由进攻性现实主义世界观驱动的，看着像是，听着像是，做着也像是，那它就是。

国家间从来是以实力政治为本，可见的未来可能会赤裸裸。“大家都在离开现在的国际体系大厦”，一位基辛格时代就参与对华建交的美国外交老人告诉我。也许十年之后，国际体系运行逻辑会回到一百年前，联合国、世界银行、国际货币基金组织、世界贸易组织这些大厦只剩下空壳。

想这么大干什么？这跟你我有什么关系？

在这新图景中，国家的对外对内的行动空间更大，至于到底有多大，只取决于其实力，不论你做什么工作，对未来有何计划，此刻都要意识到它变动的方向。而个人的选择有限。“如果你幻想自己是世界公民，那你就不属于任何一个国家。”英国前首相特蕾莎·梅（Theresa May）的这句话已经成为时代寓言。

降维是我们这个时代面临的最大风险。接下来的航程连维度都不明朗，大家珍重。

总结一下，要理解今天的世界正在发生什么变化，你需要先理解现实主义和理想主义。理想主义者认为基于规则共识的合作能带来安全，现实主义者则认为只能靠自己，最极端的进攻性现实主义者进一步认为安全是零和博弈。

国际政治从最开始的进攻性现实主义阶段，演化到大国之间的防御性现实主义阶段，再演化到二战后基于规则的国际关系的阶段。当下则可能出现返祖现象，进攻性现实主义重回舞台，使世界面临降维风险。

这一讲的内容受中国学者唐世平的《国际政治的社会演化》的启发。该书的英文版获得2015年国际研究协会“年度最佳著作奖”，唐世平是第一位获此荣誉的中国学者。

过往：为何总是重蹈覆辙

你先听三句话：

在终极的分析中，一切知识都是历史。

在抽象的意义下，一切科学都是数学。

在理性的基础上，所有的判断都是统计学。

大统计学家 C. R. 拉奥（C. R. Rao）在名著《统计与真理：怎样运用偶然性》（*Statistics And Truth: Putting Chance to Work*）的扉页上写下这三句话，振聋发聩，气势非凡，但没留下解释。好在你记住多读历史，把数学和统计学学好就行，显然这三门学科能搞定一切。

跟你讲讲我对这三句话的理解：

我们所处的是现实世界，但可能世界则有无穷多个。正如我将要写的下一个字有一百种选择，但我只能选一种，这个字就塑造了现实世界，其余则变成九十九个没有变成现实的可能世界；世界上发生无穷多件事，每件事有无穷多种可能，其全集就是所有可能世界。

站在现实世界和可能世界之间看拉奥的三句话：数学界定了可能世界的空间，只要数学能够想象的，它就是可能的；从无穷多的可能世界聚焦到这一个现实世界，哪怕我选定一个字这件小事，是归统计学管的；最后，所有知识都是关于现实世界的记录，所以是历史。

思想总在顶层会通。统计学家拉奥的看法跟历史学家马克·布洛克（Marc Bloch）的看法一模一样：历史存在于整体之中。

布洛克是法国年鉴学派大师、总体史观的开创者之一。他认为，历史当然不是研究现在，但也不是只研究过去，而是研究时间中的人。时间是从过去到现在的整体，只强调现在或过去都没有意义，理解过去才能理解现在，理解现在才能理解过去。一个人说过的话、写过的字、创造的事物、触摸过的一切，都传达了关于他的信息。历史应当用一切可用的方法去研究一切，材料不限于历史文献，对象也不限于政治、军事、外交、经济、地理，社会学乃至人类学都在射程之内。历史学家要穷尽可能，就必须掌握这个行业的所有重要工具，哪怕只是理解这些工具能用来做什么，操作困难何在，限度又在哪里。

他把这些写进了名著《历史学家的技艺》（*The Historian's*

Craft）——年鉴学派总体史观的宣言书。

历史有什么用？年幼的儿子曾经问过布洛克。

布洛克的学术生涯在20世纪上半叶。1939年，二战全面爆发，53岁的布洛克应召参军，然后法国一战即溃，一同崩溃的还有秩序、安全、地位、财产，曾经坚固的全部烟消云散，他只剩下两样身份：法国人和历史学家。布洛克是犹太人，但他没有选择逃亡。他说自己不能想象离开法国，那样就连呼吸都不会自由。

作为法国人，他选择留下来；作为历史学家，他还得做点什么。

历史有什么用？同一个问题由成年人又问了一次。德军开进巴黎当天，布洛克所在的法军参谋部的军官们面面相觑。有人哀叹道："难道历史已经背叛我们了吗？"

当社会陷于危机，人们开始自我怀疑，就会问这个问题：我们到底从过去学到了什么？我们学的到底对不对？

1941年，布洛克终于有信心给出回答。《历史学家的技艺》是他回答的一半。

"今天，这项共同的事业已岌岌可危，这不是我们的过错，而是不公正的命运迫使工作中断。但我坚信，我们定能自由公开地再度合作，这一天终将到来。"布洛克以此为题记献给同行。国破家亡，人在流亡，布洛克用写作来找解药，讲研究历史学的方法。他认为，历史必须是个整体，所以没有万应药式的研究方法，只能是持续地挖掘、比对，保持常识并保持对常识的警醒。

这本书平静如常，虽然是由战乱催生的，但也是他长年思考的结晶。它是历史学家的证词，一位巨匠诚实地讲述他这行当的精要。如果不知背景地读这本书，还以为他身处平静的书斋，其实他是在放不下书桌的地方写书。

历史是整体的，过去与现实有活生生的关联，布洛克的历史学不是说说而已，它有关选择与行动。

《历史学家的技艺》的写作开始于 1940 年，布洛克 54 岁，东奔西藏，朝不保夕。拿起笔，他是历史学者，为后辈留下技艺；放下笔，他就拿起枪，变成抵抗纳粹的里昂地下组织的成员。在所有的可能世界之间，通过行动，布洛克进入他选择的现实世界，把自己变成了历史的一部分。

布洛克说，人们都想要通过理解成为历史行程中的一员，光是知道远远不够。一门学问必须提供解释，否则就是大杂烩。历史不是陈列柜。它的作用超出学术本身，它首先使我们更好地理解现实，然后指导我们的行动。仅仅满足于描述历史是什么样的，永远是对它的背叛。历史学家必须有强烈的个人意见，这是他们的责任。

五十之年，唯欠一死，经此世变，布洛克选择战斗。行动是他的另一半回答。

在布洛克的总体史观里，历史与现实融为一体。只有体验现实的脉动，才能真切理解历史。你理解历史悲喜剧的现在时，才能洞察它的过去时。如果不体察身边的人、事、时势，那就没有一丝当好历史学家的可能性。

1944 年春天，布洛克被捕；6 月 16 日，盟军已经在诺曼底登陆，他却没有等到胜利，他在里昂郊外被纳粹枪决，同时遇难的还有 26 位同胞。《历史学家的技艺》没有完成，他原准备献给妻子，但妻子已经遇难。

知行合一，布洛克将总体史观付诸实践：生活是一个总体，是现实与理想扯不断理还乱的纠缠着的总体。他没有背叛历史，他表达了自己的意见，做出了自己的回答。

布洛克是答完了，但他把问题留给了我们：

历史有什么用，如果我们一再重蹈覆辙？

诚如布洛克所言，历史关心的是从过去到现在的时间中的人，不过你我不是历史学家，我们更关心未来。我们希望从历史中获得关于未来的线索。这里有个悖论：

我们之所以希望从历史中学习，是因为我们一再重复过去；但重复过去本来是不应该发生的，越重复，则可预见性就越高，我们就越能避免。既然如此，为什么还总是重复？

我能想到三个回答。

第一，历史之所以会重复，是因为路径依赖，大家被锁定在轨道上，大家不是不知道会发生灾难，但还是眼睁睁地看着火车出轨，所有人都有无力感。物不极不会反（things will not get better before it gets worse），事情不到最坏关头没有可能回头。

第二，绝大多数人从历史中学习，只是从最近一个可比的相似的重大事件中学习。比如说，2008 年金融危机确实是被反复研究透了，我很有把握地说，下次全球金融危机到来时，绝不会是 2008 年的同一种“病毒”。我们总是能避免最近一次灾难的重演，它只会在我们对它的记忆不再真切的将来重演。

第三，历史只是无穷多种可能中的一种在现实中展开了，只有掌握合理的反事实思考（counterfactual thinking）能力才有可能揭开其层层面相。历史中藏着无数可能发生却没有发生的危机，只因有人预作绸缪，将灾难苗头掐死在萌芽之前，所谓善战者无赫赫之功，历史对这种人不公平，将他沉埋在故纸堆中。这是他的小悲剧，却是我们的大悲剧。

总结一下，历史有什么用？每个人都可以有自己的观点，历史学家布洛克用他的知行合一给了我们示范。而他给我们的提醒是，你不能割裂过去、现在和未来的联系，当你把它当成一个总体来看，你会有新的发现。

本讲的内容灵感来自布洛克的《历史学家的技艺》，我将这本书推荐给你。正如读《史记》你要知道司马迁本人的故事，读《历史学家的技艺》，你要知道布洛克本人的故事。

财富：钱有什么用

每个人都是关于钱的专家，这一讲我却要冒天下之大不韪，跟你讲讲钱的用处。

钱是最坏的主人，最好的仆人。如果你把钱当作唯一的KPI，不顾一切拼命刷，结果就是它当家做主，你变成它的奴仆。反过来，如果你把钱当作工具，那它就是最好用的工具。要把这工具细细讲过来，一部教科书都不够，但听我讲10分钟你也能懂个八成，我希望是正好够用的那八成。

狭义的钱，就是社会接受用来作为最后结算的那个东西。你买了货，接受了服务，最后付钱，大家两清，这事才真正结束；如果你给的是支票、信用卡，那这事还没结束，支票和信用卡只是你会付钱的保证，最后对方要拿到钱才算数。

支票、信用卡、债券等，都是钱的“衍生品”，它们是人们交易时愿意暂时接受的支付凭证，但不是最终的结算。“链条”可以很短，用现金全款买房，房款两清，交易结束。“链条”也可以很长，用贷款买房，你是用未来二十年还贷款的长期承诺来买房，“链条”变长。银行又把许许多多的房贷打包，这个“包”有底层资产，就是房子，可测算未来现金流，就是定期还本付息，那这个“包”就可以拿出来单卖，房贷就完成了证券化，变成了可流通的债券，再贴上 AAA 信用评级，拿它作为抵押再去贷款，在金融体系中流动起来，简直跟钱差不多。与“链条”对应的是一层层的还款承诺，买房者的还款承诺，银行对房贷债券的还款承诺，金融机构拿它作为抵押去贷款的还款承诺，这里讲的是由买房生发出来的承诺，其他经济活动也相似。全社会的经济活动就是由所有这些还钱承诺层层叠加在一起而来的。还钱承诺就是广义的钱，也叫作信用（credit）。

信用跟信心是一回事。信用是从借钱的人的角度说的，信心是从把钱借出去的人的角度说的。一个社会的信用是扩张还是收缩，取决于借贷双方的信心，也就是信用。钱借出去能不能收回来？政治形势、经济走向、行业前景、企业管理、个人诚信，这些都影响判断。以美国为例，社会总信用的数量是钱数的 15 倍左右。钱的扩张取决于政府（央行）印钱的节奏。信用的扩张取决于整个社会中卖方接受买方将来还钱承诺的意愿。乐观的时候，意愿强，信用扩张；悲观的时候，意愿弱，信用收缩。经济增长必然伴随着信用扩张，信用收缩意味着经济收缩。

信用是信心，政府印的钱其实也是。当人们对钱本身的信用产生怀疑，就是对政府掌控钱的能力产生怀疑，后果更加严重。全球早已进入“法币”时代，“法币”（fiat money，法定货币）的意思就是政府垄断了钱，印张纸说它是多少钱它就是多少钱。可想而知，政府对挑战“法币”的会有多么敌视。美联储前主席本·伯南克（Ben Bernanke）在国会听证会上说过，黄金不是钱了。议员非常恼火，黄金几千年来都是钱，怎么你说不是钱就不是了呢？议员恼火归恼火，政府清楚得很，它必须垄断发钞权。

正因如此，人们必须对钱的信用保持警惕。政府是各种社会利益的聚合体，人性由俭入奢易，由奢入俭难。有困难就印钱，难言之隐，一印了之。“法币”时代，不论哪个国家，不论财政货币政策说起来是扩张还是审慎，货币贬值是常态。就以表现算最不错的美国为例，今天美元的购买力跟美元从黄金脱钩时相比，已贬去了很多。

以上我讲清楚了钱的概念。我现在讲从狭义到广义，各种“钱”各有什么用处。

第一，比特币和黄金。刚才我说了，美联储不承认黄金是钱，但是人民公认。没有一个政府承认比特币是钱，人民则还远远没有拿定主意，只有很少一部分人这么想。比较稳妥地说吧，这两样东西是“法币”的潜在竞争者。

黄金的价值不在于对抗通货膨胀，黄金几十年来的价格变动并不能支持这个想法。黄金的价值在于不管各国政府怎么说，全人类对黄金都有根深蒂固的信念，毕竟一百年的洗脑还是很难对抗一万年的共同经历。当人们对“法币”丧失信心，就一定会想起黄金。黄金也不是用来对抗经济周期的。当人们对所有“法币”都丧失信心时，经济多半已沉疴难起，政治上也多灾多难。黄金是人们为未来准备的灾难预案。美联储再硬着头皮说黄金不是钱了，它不也得储备黄金?

透过黄金的“棱镜”看比特币，就明白比特币的未来大概会落在哪个区间了。它的降生就是为了挑战政府垄断的发钞权，它必然遭受全世界政府的联合围剿，但它也很幸运，等到政府醒过神来的时候，它已经一路狂奔越过了生死临界点。它已经有足够大的生存空间，再也不会死了。它的下限是不会死，上限是不会替代“法币”。它不像黄金一样有人类上万年的记忆护体，最终它只会成为对少部分人来说类似黄金的东西，是这一部分人为未来准备的灾难预案。只不过，在它准备的灾难图景里，世界上至少还有互联网和电；黄金这两样都不需要。

第二，外汇。这里有两层意思。第一层是现代人的资产组合里，本来就应该有一部分是国际资产。经济早已全球化，而绝大多数人生于斯长于斯、工作于斯、收入来于斯，过度集中于本地，本来就应该适度投资国际资产，做多元化组合，享受现代金融体系提供的免费午餐：在相同收益率下减少风险。不这样做，就等于把免费午餐留在桌子上，中国人把太多的免费午餐留在桌子上了。这是第一层。第二层是“法币”对应着对政府的信心，不同“法币”之间的价值升降折射出对各国政府信心的升降。要是在适度多元化的基础上继续超配由外国货币定价的资产，本质上是对其他政府投信任票，没有哪个本国政府是开心的。

第三，现金。现金支付是常态下的终极支付手段。如果社会信用扩张，人们创造并接受越来越多的信用作为支付手段，就会逃离现金，因为现金没有回报这一点特别招人恨。如果社会信用收缩，层层抽紧，从“衍生品”逐步收缩到贷款，贷款又进一步被抽走，人们都不再接受用信用作为支付手段，那现金就身价倍增。这就是为什么沃伦·巴菲特（Warren Buffett）把现金视作对任意资产的无期限的免费期权。近一二十年来他做了很多这种生意：信用扩张时他攒现金，信用收缩时他把现金放出去，你既可以说他是低买高卖资产，更可以说他是低买高卖现金。其实，免费期权只是名义上的，现金有其成本，机会成本是其一，更永恒的是通胀成本。现金的购买力一直在缩水。如果正常状态终结，超级通胀到来，现金会给持有人带来毁灭性的冲击，那时社会重新洗牌，货币推倒重来。

第四，股票和债券。持有股票本质上是持有看涨期权，收益上不封顶，亏损最大就是买入时的出价；相反，持有债券接近于卖出看涨期权，获得固定利息，对应承受本金损失风险。许多人认为股票比债券的风险大，这种看法在理论上是合理的，在实践中你可真不能依赖它。近年来，无论多复杂的固定收益产品都能直接卖给普通人，就因为顶了个固定收益产品的名头，假装风险能小一点，其实这是幻觉。今天的各种所谓固定收益产品，越来越衍生，越来越复杂，普通人越来越看不懂。还有一点，股票交易价格是连续的，价格变动反映了投资者对风险收益的实时判断。债券不是这样，绝大多数时候风和日丽，一有事就电闪雷鸣，只有极端状态，没有中间状态。

第五，我讲讲房子。房价在长期中能对抗通胀，这是房价的基本面，但房价经常不是由基本面决定的。我在耶鲁上金融危机课时，听安德鲁·梅特里克（Andrew Metrick）教授说，十次金融危机有九次是房地产惹的祸。为什么呢？因为人们对房地产的信念接近于对黄金的信念。《飘》（*Gone with the wind*）里面，北方军打到南方，斯嘉丽的父亲在临死之前就给她留了一句话：保住土地，土地是一切。土地这种不动产是创造信用、扩张信用、衍生信用的最好载体，信用扩张过头了崩掉就会发生金融危机。梅特里克说的还是成熟经济体。在那些信用体系还未建立，法治社会还需要完善的经济体里，信用扩张可不是更得指望房地产吗？房子创造信用，信用推动房价，这条信用与房地产双螺旋推动下的扩张周期是一荣俱荣，一损俱损，全人类都没看到解套办法。

总结一下，这一讲我给你讲了五种最基本的资产各自对应着什么层次的风险管理。理解这五种资产的用处，运用这些工具，做到跟你想管理的风险不错配，你就已经赢了绝大多数人。

本讲内容的灵感来自一门课“全球金融危机”（The Global Financial Crisis）。这门课是耶鲁大学管理学院的明星课程，由安德鲁·梅特里克教授讲授，邀请了金融危机主要处置者之一，时任美国财长蒂莫西·盖特纳（Timothy Geithner）主讲，我在耶鲁世界学人项目期间完整上过，收益很大，现在他们把这门课放上了 Coursera 网站，推荐你也去学习。

人性：人从什么时候变坏

本讲我们探讨的问题是，人性本善还是本恶。

以前有个黄金时代，距今大约一万年，男人狩猎，女人采集，群体分工，协作，分享，人人营养平衡，身心健康。那个时代没有战争，没有等级，没有财产，当然也就没有穷富差别，也没有传染病。对那个时代的想象，奠定了一种极有影响力的思维：性本善。人们最初都是好人，只是后来变坏了。

怎么变坏的呢？

因为人类发明了农业。农业意味着定居，意味着阶层，意味着收获，意味着余粮，意味着分配，意味着得武装起来防止别的群体来抢夺余粮。无尽的冲突从此开启：阶级分化了，财富产生了，战争到来了。连营养都变差了，绝大多数人忙于田间劳作，却只能果腹而已。人类从此失去了乐园。

性本善吸引力强大，因为它指向的解决办法最简单：回到没有被污染的过去，回归人人都有的善良本性，就可以重回黄金时代。要解决一切现实烦忧，只需要找到并去除那些遮蔽了我们善良本性的坏东西，重获良知良能就行。

与之针锋相对的是性本恶。奥里利厄斯·奥古斯丁（Aurelius Augustinus）说，婴儿不作恶，只是因为力量太小。人性本恶，通过教化才习得合作。荀子说，人之性恶，其善者伪也。“伪”这个词用得非常深刻，它指美德是后天培育出来的，不是先天内置的。礼义教化的功能在于“化性起伪”，化解恶的本性，造出后天的美德。

性善论者与性恶论者都同意人们在现实中是善恶交织的，但对成因和解决之道的看法不同。性善论者主张去除后天污染，回到原初；性恶论者则研究恶人是怎样结出善果的，也就是说，研究人们为什么会合作，合作为什么时常瓦解，怎样才能最大限度地使合作延续下去。

性善论与性恶论的对峙贯穿了人类迄今的全部道德哲学史，也一定会延续到将来。它与另一对冤家——理想主义和现实主义，两两组合，可以搞出下面这个四象限：

性善论理想主义；

性善论现实主义；

性恶论理想主义；

性恶论现实主义。

性善论理想主义者认为人类应该，而且能够回到起初那个干干净净的初始状态，不管是上古黄金时代还是初心。

性善论现实主义者认为人类应该回到起初，可惜已经晚了，回不去了。

性恶论理想主义者认为人类从来就没有过什么干干净净的初始状态，但人类合作秩序能够变得更强健，扩展到更广阔的天地。

性恶论现实主义者认为人类合作秩序的产生本身就是个偶然的奇迹，非常脆弱，难以持续，随时堕入三恶道。

我在朋友圈做了个简单调查，一看结果，朋友们基本上分布在性恶论的两个象限里。这倒不意外。我自己是站在性恶论理想主义那里，人以群分，朋友圈是同质的。

四象限本身没有好坏，它们只是各自对应一种看法，行为则是另一回事。比如说，无论我的朋友们是性恶论理想主义者还是性恶论现实主义者，面对合作秩序，他们仍然有选择的自由：既可以加入合作，促使其更加强健，帮助其进一步扩展；也可以选择别人合作你套利，因为要是合作秩序能够被继续扩展的话，套利对套利者是有利的，要是合作秩序被瓦解的话，套利对套利者仍然是有利的。一个人可以是性善论理想主义者，但是选择作恶；一个人也可以是性恶论现实主义者，但是选择行善。

如果是就看法说看法，我是不同意性善论的。孟子说人皆有恻隐之心，推广开即为良知。我承认人皆有良知，但让我们回到最接近起点的那个地方，看看身边的婴儿，谁曾在婴儿那里看到过良心？作为两个小朋友的父亲，我亲眼观察、亲身经历他们的成长。不管后来长成什么样子，小朋友的起点是一样的：极为现实，毫不天真，绝无同情心，很少有同理心。同情心和天真，如果你在小朋友身上看到这些东西，那不过是看到了你自己投射在他们身上的幻觉而已。小朋友长大成人才能获得这些品质。真正的天真从来只在成人那里出现。

看看跟人的基因最接近的黑猩猩，也不是性善的。BBC史诗级纪录片《王朝》(*Dynasties*)的开篇就是黑猩猩森严残酷的等级社会，黑猩猩为了爬到等级之巅独占繁衍特权，为了继续待在那里，那是文斗武斗什么都干得出来。凭什么黑猩猩下了树站起来之后，突然人类就有了个田园牧歌式的早期黄金时代呢？

回到起点，回到过去，回到最初，真回去了到底是黄金时代还是黑猩猩社会？

《高贵的野蛮人》(*Noble Savages*)这本书里有答案。

作者拿破仑·沙尼翁(Napoleon Chagnon)是美国文化人类学家，专注于研究亚诺玛米人多年。亚诺玛米人生活在亚马孙河流域深处，他们的部落社会约有两万人，住在200多个村落。20世纪中叶，他们是全球少有的没有与外部接触过的原始人群之一。沙尼翁来到这里，一辈子观察研究，是这个原始部落在“未经污染”的状态下内部政治、社会、军事冲突最早也是最后的目击者。他到达亚马孙密林深处，好似穿越回到人类社会的起点，他带回来一个结论：

对亚诺玛米人来说，生活就是持续不断的战争，核心是为了争夺女性及繁衍权。暴力围绕争夺繁衍权展开，社会围绕使用暴力来组织，衍生出一套完整的权力结构、声誉机制和战争谋略。

关于战争：村落之间发生战争的首要原因是抢夺女性。亚诺玛米人当中，约20%成年女性是被抢来的。男性对不论村落内外的女性都有极度的占有欲和攻击性。跟争夺女性相比，对于物质资源的抢夺很次要。

关于暴力：45%的成年男子杀过人，40岁以上的人口中，三分之二的人有至少一位近亲死于暴力。杀人者平均下来繁衍的后代也更多。

关于权力：村落之间的权力大小取决于人数的多少，获得女性的能力直接与男性人数挂钩。决定村落规模的三大因素是血缘、婚姻和头人的能力。村落内部因为争夺女性带来离心力，这是导致村落分裂的首要原因。

关于头人：头人有三个非正式权力的来源。父系亲属的数量，这对应着其祖父的繁衍成功率以及杀过多少人，这两个是硬指标，还有一个是政治才能，就是指他审时度势，不多说话，但凡说话只说那些他预期会被遵守的命令。为什么呢？因为只要命令被人拒绝，就是声誉受损，只能用流血来解决。

关于声誉：对所有男性来说，有辱必流血，有流血必报仇，不然则是懦夫，而懦夫只会招来更多的欺辱；人数越少的村子，男人必须显得越好战，博得残暴的声誉，以弥补人数上的劣势。

亚诺玛米人的村落之间时常举办鸿门宴，这是大规模屠杀的专用安排。主谋方往往要借助假装中立的第三方的帮助，由其出面举办宴席，邀请目标村落的全村人参加。主谋方则藏身一旁，等待摔杯为号。鸿门宴的先例很多，每个村落接受别的村落的宴请，都必须极为谨慎。

沙尼翁问一场鸿门宴的主谋方和赴宴方，为什么明知是鸿门宴还要赴宴？为什么明知对方已经知道是鸿门宴还要邀请？双方的回答相同：有宴不赴即是懦夫，而在亚诺玛米人的社会里，背着懦夫的名声比赴鸿门宴更危险。所以，接到邀请的一方把妻儿藏到丛林里，集体赴宴，大杀一场。

亚诺玛米人的战法和谋略都已经很成熟。战前有合纵连横的外交手法，突袭后有交叉掩护的撤退战术，盟友敌人随时转换身份，现代的所谓力量平衡策略，亚诺玛米人随手拈来。他们的马基雅维利程度与现代人没有多大差别。

沙尼翁得出结论：

第一，狩猎采集时代没有田园牧歌，而是无尽的战争，战争起源于争夺繁衍权。危险总是来自邻居。霍布斯是对的，让－雅克·卢梭（Jean-Jacques Rousseau）是错的。

第二，推动社会演化的首要动力是安全需求。

第三，亚诺玛米人向我们揭示了上古人群的本来面目：血缘很近，规模很小，越小内部才能越和平相处，稍大一点就要分裂，对外则是永恒的战争，两者合力下，基于血缘关系的小村落是保障基本安全的最小单位。

推论是：大规模社会的政治、法律制度等上层构建使人们相互合作，并持续扩展合作秩序，合作并不是自然而然出现的。当合作难以为继的时候，社会有可能发生塌陷。塌陷的尽头是什么，亚诺玛米人的状态可不是黄金时代。

沙尼翁的发现颠覆了那个时代的文化人类学主流，后者认为战争是文化现象，因为争夺物质资源而起。沙尼翁则提供了进化论解释：暴力不是起源于理性争夺，而是本性使然。他因此成为20世纪最有争议的人类学家之一，在发表第一篇论文之后就被逐出师门，即使到近年，当他被邀请加入美国国家科学院时，还有人辞去院士以表抗议。

其实何必。

不论你在前面的四象限里处于什么位置，只有了解自然状态下真正的人是什么样的，才懂得“化性起伪”这件事有多么重要，才理解一层层的社会构造如果被解体，我们可能会回归到什么极限状态，才明白维护合作秩序以及扩展合作秩序有多么难，而维护它又是多么重要。

人之异于禽兽，即在于此。

总结一下，人类学家向我们展示了人在纯净的原始状态下是什么样子的。我们面临的问题回到过去是解决不了的，只能往前走。人之异于禽兽者几希，但就这一点点是最可贵的。

这一讲的灵感来自《高贵的野蛮人》，作者拿破仑·沙尼翁在原始部落中做田野调查，获得了初始状态下的人类社会的一线情报。

选择：沉住气还是孤注一掷

本讲讲我们什么时候应该孤注一掷，什么时候可以耐心沉着。

我们先来设想这样一个问题，微信创始人张小龙是业余高尔夫球手中的职业水平，拿了顶级职业－业余配对赛的最高荣誉。假如你有机会跟张小龙打球，假如你居然还想赢，用什么办法机会最大？

别打满全场，就打一个洞，搞不好你一杆进洞了呢。要是选择打满全场，就算你运从天降，有一次一杆进洞，全场下来你还是会输——水平差距太大。

如果你进拉斯维加斯赌场，本来是当作花钱买娱乐，下注买个乐子。赌场对赌客的概率优势明明白白地写在执照里，你下注的预期收益是负的。但如果你走投无路，非得靠赌来解决问题改变命运，那么至少你不要分次下注，那只会稳定地逐渐输光。你应该全部押上，一次下注，接受命运的裁决，多半还是输光，但好歹不是必然输光，总算有一点点机会。赌场喜欢豪客，那是相对而言。假如比尔·盖茨（Bill Gates）去赌场，就要只赌一把，输家赔光，赢家全拿，这样的豪客赌场不敢接。

体育比赛中，领先的一方往往打成功率，增加控球，减少进攻次数，以期提升每次进攻得分的概率。如果是面对实力更强的对手，这选择挺合理；但如果自己的实力强过对手，这选择就欠考虑。强队一方领先，应当保持进攻频率，双方攻守的次数越多，对自己有利的实力对比才越能发挥出来。你的进攻次数多，虽然对方的也多，但来回越多，概率对你越有利。如果你想稳，减少进攻次数，虽然也减少了对方的进攻次数，但对方跟你孤注一掷。体育比赛经常就是这样翻盘的。

概率越是稳稳地不站在你这一边，你越要孤注一掷赌运气。相反，如果你是张小龙，如果你是拉斯维加斯赌场，如果你是西班牙足球队，那就没有什么好急的，沉住气，慢慢来，靠概率和水平就行的事，别赌运气。

有人着眼长期行为，有人选择短期行为，各人各不同，可不光是因为素质、教养、格调的差别，这有着强大的理性依据：对那些有资源 / 水平 / 优势的人来说，他们当然该着眼长期，因为着眼长期对他们有利；对那些没有资源 / 水平 /

优势的人来说，长期必败，不如短线一博更好。这是第一层意思。

延伸开去说，中国股市短期炒作的多，长期投资的少，固然有多重原因，解决办法也没有可以一招制敌的，但至少不用做一件缘木求鱼的事，就是教育投资者。投资者不需要被教育，他们比想教育他们的人更知道真相，至少他们不装傻。他们本能地知道，在信息不对称、监管不给力的市场上，长赌必输。当然，他们作为一个整体，短炒也一样必输，毕竟大数定律放在那里。但至少对他们中的每个人来说，短炒赌运气机会还大一点。

有人不明白中国股市为什么总是“熊长牛短”，把 20 多年的走势图拉开来看，股票总是在脉冲式暴涨之后连续阴跌，一而再，再而三。其实没什么不好理解的：好不容易赌对一次，你不拿钱走人吗?

这里正好讲到第二层意思：如果选择短期行为的人太多，那么那些有资源 / 水平 / 优势的人也无法继续保持沉着、着眼长期。市场上倒霉的可不只是散户，金融危机来临时，华尔街上所有机构都危如累卵。他们有信息、技术、专业、关系的优势，为什么不沉住气慢慢玩？何必要跟大家一样拼命做次贷衍生品直到撑得要爆炸？因为做这生意一直赚大钱，不做这生意，你的下一季度报表就没有竞争对手的好看。做这生意，在长期中，公司也许会完蛋，但不做这生意，马上你自己就完蛋。“我们都知道舞会迟早会结束，但只要音乐不停，我们就得跳。”当时华尔街最大机构的负责人老老实实地说。

这不仅是大人物的事。我们来谈你的吧。

假如你很有能力，身处什么样的组织对你有利？

你要选那些有条件路遥知马力的组织，假以时日，职业生涯自然是步步高升的，因为能力站在你这边。

假如你所在的组织的金字塔结构比较陡峭，升迁的职位比较少，而组织决定升迁的标准是近期业绩，那么，哪怕同事们能力不如你，只要他们都采取孤注一掷的策略，各自全力投入去干一件大事，赢了就上位，输了就丢饭碗。他们冒的风险很大，对他们不一定好，但你的能力优势就被他们的拼搏抵掉了。他们当中绝大多数人固然都会失败，但只要有一个人成功，主管的位置就是他的了。

你怎么办？你也只能去冒险，哪怕本来你只凭才华就可以。选择冒险，那就要看运气，而运气会拉平你和同事们的能力差距。

所以，那些公认且自认能力强的人，往往去了稳定的大公司，而创业者一般原本处在主流的边缘；班上成绩最好的同学，往往过了相对平淡的一生。这不是命运无常，而是每个人的理性选择，你也可以不这样选，但社会替大家做适应性选择，使这变成了人生常态。

现在讲第三层意思。这个世界看起来正处在一个大变化的早期。全球化退潮，共识被耗散，分歧极化，经济承压，社会撕裂。我们已经熟悉的状态形成于两重合力：1978 年以来的内部改革带来长期增长，1991 年冷战结束以来的大缓和带来全球化的突进。今天两重合力都在改变，焦虑四处蔓延。关于未来唯一可靠的预测就是它变得难以预测。

我要讲的第三层意思就是，此时此刻，你不必太过悲观。如果未来变得更动荡，你反而更有条件沉着一点，好比赌场把老虎机全部撤下，换成了 21 点牌桌，概率从稳定对你不利的状态切换到了不稳定状态，大多数时候还是对你不利的，但不时出现机会降临。这时，凭借技巧、算力，一点运气，再加上等待机会出现的耐心，你有机会战胜赌场。

总结一下，这一讲我们讲了三层意思。

第一层意思：当概率越稳定地不在你这一边时，你越要孤注一掷。

第二层意思：当大家都孤注一掷时，你也只好孤注一掷，你的才能就被运气拉平了；而如果你不愿意孤注一掷，那就得站起来走出去，寻找一个不需要孤注一掷的环境。

第三层意思：当概率变得不稳定时，你反而不必着急出牌，因为真有机会了。当时势转移，未来难测，你不妨更沉着。

这一讲的灵感来自詹姆斯·G. 马奇（James G. March）的书《决策是如何产生的》（*A Primer on Decision Making: How Decisions Happen*）。

认识社会

规划：你已经输在起跑线

这一讲我要告诉你一个坏消息，你输在起跑线上了。

我从头慢慢讲。

现代人晚熟，20 岁成人，工作 40 年，60 岁退休，80 岁离世。平均而言，大体如此。每个人说到底是自己养活自己，工作 40 年的收入，管生活 80 年的开支。实际上是通过代际扶持实现：前 20 年我们靠父母养育，后 20 年我们靠子女扶助，父母和子女靠他们的父母和子女，反复迭代，这就是代代相传的本意。家庭首先是个经济组织，解决收入与支出的期限错配难题。

今天成熟社会又多了一重安排，就是社保，政府安排下的养老保障。各国社保的做法不同，但逻辑都一样。社保的钱不是政府变戏法变出来的，也不是从天上掉下来的，还是每个人自己工作所得，只是换了个解决期限错配难题的形式：你工作有收入就向政府交社保，60 岁退休就从政府领社保。

政府居中，向今天的你收钱，将来再把钱给你。

家庭要解决跨期安排，政府也做，虽然表面上是政府将来给你发社保，但你本质上还是自助养老，你自己为自己的养老负责，社保只是强迫你在挣钱多的时候储蓄，以保证你退休后的生活水平最低不低于温饱线。

政府怕你年轻时把钱花光了，所以把钱先拿走，替你管着，将来再还给你。

等等！这不是家长把小朋友的压岁钱拿走时说的话吗？我们现在是成人了啊，怎么还这样?!

政府这么干的目的，就是拿走你的钱去补助穷人。政府搞社保，除了年轻人将来养老这一层因素，还有转移支付的另一层因素，让收入多的养收入少的。有人交得多，有人交得少，领得却都差不多，结果就是多交的补贴了少交的。

如果你交得多，可能会认为不公平，但政府这么做没什么错。人之道，损不足以奉有余，政府就得替天行道，损有余以补不足。社保的保障水平也就是保到温饱底线，不会让领社保的人过上富裕的生活。假如没有社保，社会差距太大，温饱线以下的人太多且无助，那后果你也不想看到。

各国的社保不同，有些国家是强制储蓄的含义多一些，体现为强调社保的个人账户，个人账户是你的，将来你领到多少跟你自己放进去多少的相关度高；有些国家是转移支付的含义多一些，体现为重视统收统支，你交的钱进入大池子，将来从大池子领钱，池子是大家的。中国现行社保是两块都有，而统收统支重要得多。

好了，现在道理讲明白了，终于可以回到重点了：你输在起跑线上了，在养老这件事情上。

为什么这样说呢?

第一，目测你会是社保交得多的那个群体。社保缴费大半进入统收统支账户，大家交的钱差不少，领的钱差不多。你大概率会交得多。不信，看看你的学历、能力、学习力，在社会分布的哪一层?

第二，哪个成熟国家都一样，现行社保持续下去的压力很大。就像先前说的那样，它本质上是每个人用年轻时的收入负担年老时的开支。但是，表现为年轻人养老人后，它跟庞氏游戏就有个相似之处：如果下家人数增加，则越做越好做；如果下家人数稳定，则越做越难做；如果下家人数减少，则马上出大问题。无论是哪个经济体，你总是想经济增长比不增长好吧，但经济一增长，生活水平提高，生育意愿必然下降。在人口那一端，表现为人口增长速度下滑，极端的时候负增长，这一端则是生活成本上升，社保要保障温饱的成本也越来越高。

两头挤压，社保真是很难。

所以，看到各种关于延迟退休的讨论，你要知道讨论的实质不是什么60岁能不能不用再上班。相信我，等你到了60岁，你会哭着喊着想上班。没有人想在60岁就退下来。讨论的实质是，社保交费和领取的时间长度要发生变化。假如说，按现在的退休年龄，你是交40年社保，领20年；如果延迟到65岁，你就是交45年社保，领15年。多交5年，少领5年，一出一入差10年的钱，本质在这里。

所以，你也别有幻想，延迟退休这件事是肯定要发生的，早晚而已。社保大池子要是进水和出水不平衡了，要么减少出水，也就是社保领取少了，要么增加进水，也就是社保交费高了。社保大账是一定要做平的，而增加交费总比减少领取要容易做，容易做的事就一定会优先做。

第三，这是对你最最最重要的，你和我这一代人处在历史的转折点上：我们是既扶养老人又养育子女，但等我们自己年老后指望不上子女扶养的第一代中国人。代际扶持模式正在发生历史性变革，谁也无力改变，个人只是螳臂当车。

变革之前，社会通过代际扶持是平衡的：20岁前由父母养，60岁后由子女养。变革之后，社会也是平衡的，20岁前由父母养，养子女到20岁。只是在前一个平衡转换到后一个平衡的中间，有一代人要付出代价，就是我们这一代。

后果很严重。

前面我讲过，正常情况是工作 40 年的收入管活 80 年的开支，到我们这一代人，变成了工作 40 年负担 100 年的开支，多出来的 20 年是养子女到 20 岁，但我们这一代指望不上下一代来养我们了。如果你是独生子女的话，同情你，另外再加 20 年开支。

你还年轻，养老离你还很远。这就是那种重要但不紧急的事，它容易被忽略，生活中不重要但紧急的事毕竟太多。但养老确实是件年轻时就得有数的事，等你老了就晚了。它是真正的人生规划。

你的人生规划至少得包括下面三点：

第一，必须储蓄，储蓄必须用来投资，而投资期是一生。当你明白投资期如此之长后，就知道某一类资产的一时涨跌不重要，重要的是在数十年的跨度中你得始终有合理的资产配置。

第二，长期投资收益率必须战胜通胀。这很直观，养老等于延期消费，你把现在的收入留到将来消费，假如输给通胀的话，未来的消费水平就得下降。对上一代或者下一代人来说，长期投资打平通胀就够了。对我们这一代人来说，光打平通胀还不够，还得补足多出来的 20 年开支。简单折算，你的长期投资收益率得达到通胀的 1.5 倍。打平通胀不难，合理多元化的指数化投资组合多半能做到。但达到通胀的 1.5

倍就没有既通用又靠谱还容易的做法。至于独生子女们，那得达到通胀的 2 倍才行，是有人做得到，但整体不可能做得到。再说一遍，我们这一代已经输在起跑线上了。

第三，输在起跑线上的，只能在终点拿回来。要补回那 20 年多出来的开支，最简单的算法就是我们这一代人多干 10 年，少开支 10 年。不管法定退休年龄是多少岁，我们实际得工作到 70 岁，独生子女们则要做好干到 80 岁的精神准备。必须工作的生涯这么漫长，我们别无选择，只能是终身保有工作能力，为此只能是努力终身学习。我见过太多出了校门就不再读书、停止学习的人，真是为他们感到担心。

至于你我，加油，这不是可选项，这是必选项。

总结一下，这一讲我把社保的逻辑讲清楚了，也给你我把账算清楚了。总之，你已经输在起跑线上了，必须做好在终点补回来的准备。而准备得从现在做起，因为终身保有工作能力的前提是终身学习。

推荐你读阿图·葛文德（Atul Gawande）的《最好的告别》（*Being Mortal*）。这本书展示了很多你在老年可能会面对的处境。

运气：比你想象得还不公平

这一讲，我想给你讲运气，这件看起来捉摸不定的事。

常识告诉你成功取决于你的智力、努力、运势等，天时、地利、人和缺一不可。常识也告诉你，智力、努力在于自己，而运势不在于自己，所以只能是穷尽人事，然后坦然面对天命。这些都是对的。

但常识没有告诉你，最后站在成功之巅的人，并不是你想象中的那种人。你以为他们用智力碾压你，比你还努力，运气又好到爆。

如果真是那样，倒也无话可说。

但不是。他们的智力不能碾压你，他们不见得比你更努力，他们只是运气好到爆而已。

一群意大利物理学家和经济学家组了个跨界团队，做了个极简实验，就叫作“才能对运气”（Talent vs Luck）。之所以说是极简，是因为他们把成功之道简化成二元方程，成功

= 才能 + 运气，其他因素分别划归这两项下面。

在这个模型里，运气是随机降临的。当然，运气的本义就是随机的，只不过真实生活中，被我们叫作运气的许多东西其实不是随机的，这个待会儿再讲。记住他们这里用的是狭义的运气，实验环境比现实还公平就好。

在模型里，才能的分布是钟形的。什么是钟形分布呢？钟形曲线的顶点在平均值，然后朝两端极值下降。绝大多数人的才能都在接近平均值的两边。三分之二的人的才能在距离平均值一个标准差的地方。这不是假设而是事实，现实中，人们的才能就是按钟形分布。举例来说，人的平均智商是 100，总共有三分之二的人在 85 到 115 之间。再往两边走，曲线急剧走平，天才和白痴都很少见。智商超过 145 的一般被认为是天才，按照钟形曲线，天才所占的比例略高于千分之一。

你记住这两个数字，普通人占三分之二，天才占差不多千分之一。

运气、才能在模型中是这样相互作用的：好运气到来则收入增加，坏运气到来则收入减少；不过，好运气发生在不同才能的人身上效果不同，才能高的人遇到好运，收入增加得多，才能低的人遇到好运，收入增加得少。这也跟现实生活一致：运气来了，你还得有能力抓住，才能高的人运用得更充分，白痴运气再好也没用。

上面讲到的几大要素：运气是随机降临的，才能是钟形分布的，有才能的人从好运中获利比普通人多，这些实验的预设条件，要么比现实情况更公平，要么本身就是事实，要么是合理推断。

剩下的是模型细节，实验对象有 1000 人，假设每个人的职业生涯是 40 年，这样与事实相符。实验设定每个人不论好运气坏运气，每半年遇到一次运气。那么，在职业生涯中与运气遇合 80 次后，哪些人会获得成功?

跨界科学家团队拿模型跑了 100 次，100 次的结果可以说完全相同，非常稳定，团队得出三个结论：

第一，成功的分布不出意料是金字塔形状，完全符合二八定律，20% 的人拥有 80% 的财富。这个难说公平，但也没什么好办法，只要事关人际互动，无论分配的是什么，最后大多逃不掉这个金字塔。

第二，如果说站到金字塔尖的人都是人杰，那也就罢了，但不是，站在塔尖上的基本都是普通人，其才能在平均值附近。他们能站在塔尖的原因就是运气好到爆。

第三，反过来说，天才基本上攀不到塔尖。运气好到爆这件事从不垂青天才。那些最成功的人不是天才，不是智力碾压你，比你还努力，只是运气比你好。

在现实中你确实偶尔会看到天才站到了塔尖，那也不是上面这些说错了，而是你一定要想到这是件多么罕见的事，相应地要意识到，得有多么大基数的天才被埋没。

没有人不重视运气，但运气事实上重要到这个地步，还是能把人给吓一跳。

从结果反推回去，原因就很简单：当运气随机降临时，它往往降临在人多的地方。如果天上掉馅饼，地上站着 1000 个人，里面有 1 个天才，接近 700 个普通人，你想想它会砸着谁？当然是砸着普通人。如果说攀到金字塔尖需要连续十次接住天上掉的馅饼才行，那全世界的天才加起来都不够用的。

运气随机降临，才能钟形分布，有才能的人利用运气的能力更强——极简模型的条件已经是最公平的了，现实比这不公平得多。

代与代之间，很明显是成功父母的后代更容易成功；哪怕不考虑代际，就考虑同代人，也很明显有马太效应。既往的成功变成信号，被社会读作优越才能的标志，于是接下来社会会更多地投资在这些已经成功者的身上，以为押上了好马，其实往往只是押在这匹马过去的运气上面，而成功会不会重来还是要看运气。社会不傻，当然知道过去的成功有运气因素，但不知道的是运气的作用大到这个地步。

明白运气比我们想象得重要，对你有什么用？

往小里说，如果你发现身边有天才人物，不用忌妒他，不如怜惜他，帮助他，因为他的命极大概率不会好。

往大里说，与自己和解。你不必接受那些混账话带来的二次伤害，说什么运气是强者的谦辞、弱者的托词。当倾尽全力依然功败垂成，你就是输给了运气，而命运垂青的那些人只是幸运儿。

往实用里说，追逐过去的成功，在赢家身上继续下注不是不可以，但你必须分清两种情况。

第一种就是成功本身就催化接下来的成功，马太效应持续时间长。这种成功的特点是其评价往往是主观的、社会化的，比如说网红，网红越红越有可能更红。第二种是下一步的成功与否，有独立的客观标准。比如做出突破性研究的科学家、历史表现优异的基金经理，都能获得更多的投资，但下一步的科研成果、未来的投资回报跟过去的关系不大，都要独立地取决于他们将来做得怎么样，也就是接受运气的再次考验。

对于第一种，趋势已成，就跟住趋势，你可以追逐已有的成功，至少可以追逐相当长时间；对于第二种，追逐已有的成功是个很差的策略。

还是上面的实验，意大利跨界科学家团队发现，在科研基金的分配上，如果要追加投资，回报最差的策略就是把投资追加给已经是最成功的那些人；如果部分追加给成功者，其余随机分配，回报好些；但回报最好的是把追加投资平均分配给所有人。它的好处在于广种薄收，不留遗珠，看上去不够有效率，但它却能对抗运气的马太效应式再分配，从而提升了天才获得成功的概率。让更多天才免于受到运气的进一步伤害，才是超额回报的源泉。

这个道理适用于政府怎样有效分配科研基金，也适用于你怎样把钱投给基金经理。只要场景是你在无常命运中需要识别好马，它就有用。给所有人机会，才能少埋没天才。对天才好，对你自己也好。

总结一下，这一讲我给你讲了运气，你原来知道它重要，但你肯定不知道它这么重要。所以，如果你是分配者，你可以采取平均分配的策略，以应对运气的随机分布。同时，你得明白，成功者往往真的是运气好。

共识：不要追求合三观

这一讲，我们聊三观。

关于三观，你肯定已经听说过，世界上最遥远的距离就是三观不合；同时，你肯定也已经看到了，世界上大多数悲剧，就是因为人们一定要合三观导致的。大家日常生活中说的“三观”，我理解其实都是“一观”：你我他该如何做人。为什么大家都感觉到三观相合难，却又乐此不疲，屡战屡败偏要屡败屡战，自讨苦吃是吗?

原因在于，虽然合三观难人们一试就知道，但并不知道为什么难。每个人包括你我在内，都天然觉得自己的三观比较正，而别人的三观不太正。别人的三观不正，是教育的问题、环境的问题、认知水平的问题，总之是社会的问题。只要我教育好你，改变你的环境，提升你的认知水平，不就正过来了吗?

结果就是悲剧再来一轮。

如果只是后天的问题，那么合三观虽难，还可以试一试。如果三观的形成有先天成因，那么合三观难如上青天，虽然不是完全不可能，但绝大多数时候会摔下来粉身碎骨。

在《正义之心》（*The Righteous Mind*）这本书中，顶尖道德心理学家乔纳森·海特（Jonathan Haidt）描绘了三观形成之路。

第一步，基因打好初稿。

基因造就两类人的不同大脑特性，将他们区分开来，使人们在面对新鲜、变化、多元这类事情时态度不同。一类人感受到快乐，另一类人则感受到危险。前者拥抱改变，后者警惕改变。

这是三观的最初稿。海特认为，以政见来区分的话，左派的大脑是前者，右派的大脑是后者。说到左派右派，这个概念在历史上出现，还真跟对改变的态度直接相关。法国大革命之前，法国国王召开三级会议，主张改变的坐左边，主张不变的坐右边，这正是区分左派右派的源头。

第二步，特性引领道路。

当你逐渐长大，虽然你自己不知道三观已打下初稿，但初稿会引领你的道路，自然而然的，与它相近的道路对你有吸引力，走起来也更容易。不同的初稿引领不同的道路，通向不同的人生经历。你选择环境，环境反过来选择你，在你与环境的共同进化中，初稿被修改、强化、升级。

第三步，人生叙事。

当你最终成人，走过的道路已经将你带到了社会的不同位置，三观定型。这个过程大致是，青少年发育期你会形成自我意识，也就是哲学里的“我是谁”这个问题。之后，通过你对自己人生叙事的想象，你找到了归属感与使命感，融会成了自我认同，也就是：我是谁，我支持什么，我反对什么。

这三步合起来，先天特性与人生经历相互适应，彼此强化，基因适应环境，环境选择基因，最终水乳交融出你的三观。改三观，不仅是改看法这么简单，而是改变自我认同，得从灵魂深处爆发革命，摆脱基因的先天塑造，把初稿推倒重来。

你见过成人改三观的吗？这种人不是完全没有，我就见过一个，可是我见过的人有千千万呢。

再往细里说，海特提出了道德基础理论（Moral Foundations Theory），其最初版本认为人有五种最基本的道德感，分别是：

关爱（care）

公平（fairness）

权威（authority）

忠诚（loyalty）

圣洁（sanctity）

道德基础假说认为这五种道德感都是内置的，来自漫长的人类演化，人皆有之：关爱来自人类对婴儿的养育；公平来自奖励合作；（服从）权威来自向等级社会的演化；忠诚来自打造和维护联盟；圣洁，源自人类在疾病和寄生虫丛生的世界中，所面临的生存挑战，不清洁可能死，所以从追求清洁开始，最后化成了追求圣洁。

关爱、公平、权威、忠诚、圣洁，这五种基础道德感人人都有，但在每个人那里成分不同，好比五味对应着舌头上的五种味蕾，味蕾人人都有五种，但每个人的味蕾组合不同，同样的食物在每个人那里产生的味觉就不同。同样地，每个人对关爱、公平、权威、忠诚、圣洁的重视程度也不同。海特认为，左派重视关爱和公平，右派五个都重视但特别重视权威、忠诚和圣洁。

要看一个人真正重视什么还有另一个办法，就是看他愿意牺牲什么。左派为了关爱甚至可以牺牲公平，特别是多劳多得意义上的公平；而右派为了维护其他道德基础，首先选择牺牲关爱。“白左”、为富不仁……这些我们常听到的标签、常听到的批评控诉，讲的就是双方在这里针尖对麦芒。

海特自己是左派，他很担心左派在左右派之争中落于下风，因为左派处于先天劣势，他们的话术只包含“关爱”和“公平”两套基础道德，而右派有五套。

撇开左右派之争的是非本身，就看这五个词：关爱、公平、权威、忠诚、圣洁，抽象来看，没有谁对谁错，哪个不是好词儿？哪个不值得毕生追求？左派没有比右派更对，正如左派也没有比右派更错。说到对错，只能是针对特定时空特定条件下的特定决定而言，脱离具体情境和具体决定，没有办法说好坏。无论左派右派，应该是去改变对方的特定决定，使它变得更好，而不应该去改变对方的三观。假如你认为兼爱天下最重要，或者假如你认为传统价值神圣不容侵犯，无法理解天下人为什么不能都跟你一样认同，于是非要让他们认同，非要他们遵守，这就等于是要强行改变别人的味蕾。

更何况你想改也改变不了。庄子说，彼亦一是非，此亦一是非。人以群分，群群都以自己为是，以别人为非。想想你与我，难道不是先有是非之心再去找说辞？海特有个很漂亮的隐喻，人兼具理性与感性，好比骑象人与大象，理性是骑象人，感性就是那个大象，表面上是理性控制感性，其实是感性驱动理性，理性只是顺势而为，为感性提供服务。理性只有一点，感性却是庞然大物，你没法跟它逆着来。

所以，回到主题，不要合三观，它是先天后天反复缠绕而成的意谛牢结（ideology），强合三观必然引发血案，要么是你酿成悲剧，要么是别人酿成悲剧，要么是大家一起酿成悲剧。不同三观的人的理想不是合，而是共处。问题是怎么共处？我给你四条建议：

第一，和平共处。做具体事有高下，三观则无高下，要真心诚意地认为你的三观不比对方的更正确。

第二，不要撩拨对方的敏感点。关爱、公平、权威、忠诚、圣洁，各自都有敏感点，一点就着。做事就做事，不要动不动上升到三观。

第三，实在管不住嘴的话，至少不要去跟人讲理，而应该讲故事。讲理就是说教，你向对方说教，有没有想过对方反过来向你说教，你是什么心情？讲故事好在故事都是具体的，时间是具体的，人物是具体的，矛盾是具体的，而最终的选择都是不得已的。悲剧是永恒的，但谁不曾被希腊悲剧打动？

第四，只要和平共处，三观不同其实是好事情啊。三观不同，对你来说才有套利空间，对社会来说才有参差多态。利人利己的事，何必跟它对着干！

总结一下，这一讲，我给你讲了三观有很强的先天成因。这里的三观是泛指，延伸开去，我们长期以为的肯定的后天的一些东西，比如说政见啊左派右派啊这些，也有很强的先天成因。来自后天的可以改，那些有很强的先天成因然后先天后天交织而成的，不要妄图去改。你想改也改不了。还是想办法共存吧。

这一讲的主要观点来自乔纳森·海特的《正义之心》一书。

选择：反馈最后会把你带到陷阱

你一定听说过刺猬和狐狸的故事。如果没有听过也没关系，你只需要知道故事里有两个关键角色就行。以赛亚·伯林（Isaiah Berlin）说，刺猬知道一件大事，狐狸知道许多小事。知道一件大事的刺猬，拿着锤子看什么都是钉子，以不变应万变。知道许多件小事的狐狸，不执着于宏大叙事，也不急于找到根本答案，兵来将挡，水来土掩，走一步看一步，根据反馈决定下一步，以万变应万变。

伯林说的当然是人，人的两种认知框架和学习模式：自上而下还是自下而上，追求定于一还是安于多。伯林说，刺猬偶尔蒙对，但经常铸成大错。狐狸小错不断，但不犯大错，从反馈中学习，保持开放，持续进化。在伯林之后，刺猬与狐狸之争似乎就有了定论，狐狸赢了。

人没有千里眼顺风耳。往前看的能见度总是有限，因为世界是不确定的；因为因果链条杂乱纠缠；因为可测量的往往不重要，而重要的往往不可测量；因为人的偏好既非一成不变，在任一时刻也并不清晰可辨；还因为并不能从每个人的偏好简单相加中总结出人群整体的偏好；更因为人与人之间始终在斗心眼。面对社会这个动态复杂的系统，刺猬宣布自己知道终极答案，不管你信不信，反正我是不信的。

不过，这一讲主要是为了给狐狸提个醒，不要高兴得太早。狐狸们从反馈中学习，而反馈有陷阱。

先申明一点，重视反馈没有错，不重视反馈那是自取灭亡。反馈是人们评价决策、校准行为的最重要依据。所谓实践是检验真理的唯一标准，就是用事实为观点提供反馈。教师和学校教育的最大功能，就是为下一代系统性地提供有反馈的学习，使他们步步进阶。不仅下一代，所有人都是有反馈才有学习，反馈的质量决定学习的质量。

从反馈中学习一般有三种方法。

第一种方法是从自己的经验中学习。你过去做什么以及怎样做获得成功，将来就会更多地用同样的方法做同样的事，反之则减少。从得失中学习是最朴素的学习机制，每个人天生就会趋利避害。

博弈论研究也支持这个学习策略，所谓“赢继续输就变”（win-stay，lose-shift），赢就接着来，输就换个招。它甚至比著名的“以牙还牙”（tit-for-tat）策略更优。

“以牙还牙”策略的全称是“以牙还牙，以德报德”，就是你总是首先选择跟别人合作，但只要他骗你，以后你就骗他，直到他转而跟你合作；而只要他浪子回头，你就接受他，重新跟他合作。这个策略在早期的博弈策略锦标赛里战胜了其他所有策略，一度被公认为是走出彼此欺骗的囚徒困境的最佳策略。

不过，哈佛大学教授马丁·诺瓦克（Martin Nowak）经过无数次计算机模拟后得出结论，在更接近现实的场景中，“赢继续输就变”策略更好。第一，它比“以牙还牙”策略更冷酷。遇到好骗的它就骗，只要能骗就一直骗下去，而“以牙还牙”策略一开始选择合作，太温文尔雅了。第二，它对你认知能力的要求更低。你不用观察对方是什么策略，你只要看自己的得失，赢就继续输就换。它简洁到人人无师自通，而“以牙还牙”策略还需要博弈论专家点醒。

从反馈中学习的第二种方法是模仿。别人怎么成功，你就学习他的成功经验，哪怕是想象出来的成功经验，这常常有用。中国经济过去40年的高速增长，本质上也要归功于对其他经济体增长模式的模仿。所谓摸着石头过河，自己去摸很重要，但更重要的是有个现成的方向可以让你摸过去。

模仿最有意思的地方是由表及里，从外在成功倒推内在的成功机理，先回溯，再模仿，其实并不存在万能方法，能判定解剖到了哪一层就真正管用。中国近代以来通过模仿追赶西方，从器物层面开始，所谓中体西用，中为体，西为用，那就不用动“大手术”了，坚船利炮先买后造就行；然后发现这样不行，精英们形成共识，得动制度，于是有辛亥革命武昌城头的一声枪响。这就够了吗？有人认为还是不够，国民性才是问题所在，必须触及灵魂最深处，非改造文化不可。到底到哪一层管用？就算今天我们回过头去看，也难说有结论。日本的近代化公认是成功的，你说它动到了哪一层？

模仿是本能。我小学一年级的时候成绩不好，就模仿班上第一名。她看黑板我看黑板，她写字我写字，她托腮帮子我也托腮帮子，后来我的成绩就变成了第一名，到今天我也不知道模仿她托腮帮子有多少帮助。

从反馈中学习的第三种方法是使用进化算法。物竞天择，适者生存。适应性越高的越能活下来，会有越多的后代，扩散开去。至于适应性高的原因是什么，不是很重要。天地不仁，以万物为刍狗，刍狗不必要了解天地的想法，本来就了解不到，了解到了搞不好吓自己一跳。人之所以是今天这个样子，不是因为哪只黑猩猩做了伟大计划，而是适应的就活下来开枝散叶，几百万年一代代重复，才变成今天这个样子。倒回去看进程，有无数种其他可能性倒毙在半路。现实的就是合理的，合理的就是现实的。进化算法就是模拟自然界的套套逻辑（tautology），适者才能生存，而生存下来的就是适者。

全社会的层面上，天然采用着进化算法。无数种观念和行为彼此竞争，适应者留下来，传开去。从个人层面看，进化算法不容易用，因为进化算法走的是盲选路线，而盲选需要从中选择的池子很大，得有大量有差异的观念和行为接受选择。个人没办法精神分裂到那个地步。

当然，个人虽然不能精神分裂，但可以考虑通过货币作为中介来模拟分裂。有人把钱投给许多基金经理，定期再评估，超过基准的保留，低于基准的淘汰，就是近似地模拟进化算法。

对进化算法来说，在个人与社会之间的组织层面才是最有趣的。跟个人不同，组织是有可能使用进化算法的；跟社会不同，组织不会自然而然地使用进化算法，必须有意识地施行。组织总会要求齐一性、科层制和标准化，所以足够多元化和差异性如果要保留下来，必须是有意识为之才做得到。许多公司在内部设计机构的、文化的、激励的区隔，特地打造出体制内孤岛，以防止观念经由传染而趋同，合理性就在于此。比如说，微信能够崛起，跟团队在广州很有关系，跟腾讯的赛马机制更有关系。

我把反馈这一部分小结一下，刚才讲了狐狸从反馈中学习的三种主要方法：从自己的经验中学习，从模仿他人中学习，使用进化算法模拟学习。三种方法都重视反馈，根据反馈调整行为，本质上都属于适应性学习，都很有用，只是别忘了一点：重视反馈要有限度。狐狸很精明，太精明了也不行，有陷阱等着它。

适应性学习的共同陷阱，就是它们都是短视的。无论是机会还是威胁，它们都更重视近在眼前的机会和威胁，而不够重视将来的机会和威胁。

从自己的经验中学习，依靠的是即时得失反馈；通过模仿他人学习，依靠的是观察别人地位升降的反馈；进而用进化算法，则更是只以即时成败论英雄，连原因都懒得了解。适应性学习之所以有用，就是因为短视有合理性：你不在每个短期中活下来，就没有长期可言。但过度偏好“即期收获”也挖下陷阱，你在每一个短期中都得分，变得越来越适应环境，获得了越来越多的稳定，到最后没有新东西，环境一旦剧变，你拿什么去对付变化？适应性学习都是从历史记录中学习，而不是从历史的所有可能中学习，它注定没有应对剧变形势的想象力。

适应性学习带来两大陋习，一个是为了眼前得失牺牲将来，另一个是不肯为了全局牺牲局部。为眼前利益牺牲将来，最典型的是上市公司每一季度都要保持利润增长，结果反而没有长期增长的新引擎，每一步都很满足，最后却落得没有未来。不肯为全局牺牲局部，最典型的是“在我死后哪管洪水滔天”。

所以，光有狐狸是不行的，还得有人做刺猬。狐狸要想活得日子长久，得搭刺猬的便车。刺猬有宏大模型、远大眼光、颠覆性理想，时常把我们带到巨坑里去，刺猬太多肯定是不行的，但没有刺猬的话，狐狸迟早会掉入自己挖的陷阱：到最后大家都是狐狸，一群精致的利己主义者面面相觑没有出路。

重要的是怎么管理刺猬，别让它把我们带到坑里，能做的是试点。做大事之前先试点，低投入，隔离影响。低投入，所以失败了不会有灾难性后果；隔离影响，所以失败的后果不会传染全身。当然，问题没有消失，只是推到了下一个环节：当试点产生经验，需要推广开来时，它会面临那堵将特区与整体隔开来的高墙，真正的冲突在那里等着它。

想好了怎么管理刺猬，首先你还得有刺猬。想想刺猬真是一种独特的生物：与狐狸这群精致的利己主义者正好相反，他们着眼于长期得失，不惜牺牲短期得失，而且不管是自己还是大家的得失；刺猬中的绝大多数注定会失败得很惨，即使算上极少数获得成功的，作为一个整体，刺猬的平均预期收益也是很低的。套用管理学大师马奇的话说，只有傻到有英雄主义的人才会做刺猬，他们是适应性过程中出现的 bug。

不过，没有他们这些 bug 的出现，就没有社会的生生不息。史蒂夫·乔布斯（Steve Jobs）建议年轻人 stay foolish（保持愚蠢），坚持傻下去，意味深长。

在这一讲的最后，我给你两点提示：

如果你是狐狸，请继续你的适应性学习，但不要太过沾沾自喜，尽量对刺猬好一点，同时把他们看紧一点，因为你总有一天要么搭他们的便车要么被他们带进坑里。刺猬是狐狸的终极救赎，也是终极祸害。

如果你是刺猬，请明了自己大概率会失败，准备好承受后果，如果后果是你自己一个人承担，那就太好了。你是自费为社会做公益，社会将称你为英雄，因为要引诱你走上这条险路，请你把我们带出绝境，去到丰饶之地。

这一讲的灵感来自一本讨论学习型组织的力作《企业行为理论》（*A Behavioral Theory of the Firm*），这是本很老的书，至今难说被超越。管理学界做过一次内部调查，大师多了，哪位能称作大师中的大师？就是引领大师的那种人，第一名即这本书的作者之一马奇。

洞察组织

解题：宁复杂，别简单

这一讲我们讨论的话题是：为什么越简单越没有出路。

有人寻找净土，有人遁入空门，有人想拨转时间回到过去，有人只往前眺望诗和远方，有人回归经典成为原教旨主义者，有人反身内求，在内心深处寻找自我，有人则弃绝自我，在坚强团结的小集体里找归宿，等等。

所有这些人都有个共同点：面对人生种种难题，他们认为有一个答案，而答案就在于执一而从，“一”是简单，是纯净，是圆满，也是真、善、美。只要找到属于自己的这个“一”，然后固执之，践行之，于是外来烦扰内心忧惧通通退散。

想得美，没有的事。

我讲三个理由。

第一，滚滚红尘，绝无空门。人生的悲剧是稀缺，而稀缺永恒。稀缺对大多数人来说表现为缺钱，但远远不只如此，凡是你珍视的必然是稀缺的。稀缺伴随着你，到你去的任何地方，躲是躲不开的。

第二，变得更复杂才是缓解复杂问题的办法。

面对稀缺，要好比杂耍师玩锅盖盖锅的游戏。锅比锅盖多，要让锅盖看上去仿佛盖住了所有的锅，杂耍师得不停地腾挪，锅盖翻飞，左盖右盖。玩游戏的关键，是锅和锅盖的数量要多才能掩人耳目。要是只剩下两口锅一个盖，就会水落石出玩不下去了。越简单就越难办。

举个现今社会的例子，为什么欠一万块钱的是孙子，欠一万亿的是爷爷？欠一万亿的锅盖多，多到一定程度，就叫作首富。

举个自然界的例子。虽然进化往未来看没有方向，但回溯来看，我们能看到生物体变得越来越复杂，其原因是要最大限度地适应环境。没有谁因为想逃避自己所处维度的难题就想降维变成阿米巴虫这类单细胞生物。更何况阿米巴虫并不逍遥，它在自己的维度上有自己的难题，难度不会比高维生物的小，只是你不是它，所以不知道而已。

子非鱼，不知鱼之苦。

稀缺是永恒的，人生实难，无论身处哪个维度都是用几个锅盖盖许多口锅，永远得靠左右腾挪。一味追求简单只是减少了腾挪空间，使游戏更难玩而已。

第三，越简单就越无法回避悖论。

跟稀缺一样，悖论也是无处不在，而且环境越简单悖论就越坚硬。最简单的，我现在说句话：

“我说的这句话是谎话。”

请问这句话是真话还是谎话？你说它是真话它就是谎话，你说它是谎话它就是真话。

悖论有点像语言游戏，但不是语言游戏。只要存在自指（self-reference）和递归（recursion）就有悖论，而自指和递归无处不在，正如包含所有集合的也是个集合。我再举两个例子：

第一个例子讲宽容，小到待人处事，大到公共政策，都涉及宽容。

首先，一味宽容是找死。如果你一味宽容，那么对于那些不宽容的人，你是宽容还是不宽容？宽容他们，等于纵容了不宽容。

同样地，绝不宽容也是找死。两个绝不宽容的人相遇，对彼此的绝不宽容也是绝不宽容，最后互相毁灭，世界因此减少了不宽容。

第二个例子讲桥水基金创始人瑞·达利欧（Ray Dalio）在《原则》（*Principles*）里说的他在公司管理中用的讲真话原则。达利欧要求包括他自己在内的公司所有人极端诚实（radical honesty），对人对事有什么意见一定要当面讲出来。

总讲真话一定好吗？且不说一味讲真话太伤人这点事，更重要的是总讲真话这事是靠不住的，迟早会走到它的反面。

假设达利欧的公司桥水基金里有人站出来，按照讲真话原则发表意见，认为讲真话原则不好应该被取消。怎么办？这主张要是付诸表决并通过了，讲真话原则是取消还是不取消？如果说为了挽救讲真话原则，把它宣布为公司根本大法，在任何情况下都不得改变，行不行？把讲真话原则执行到底，迟早会使达利欧左右为难：要么取消讲真话原则，要么压制讲真话的人。

类似的例子无穷无尽，它们说明悖论无处不在，所以一味追求简单不是什么好办法。简单到底，无非是赤裸裸地面对悖论。无论宽容还是不宽容，是不是只讲真话，都无法执一而从，进行到底。我们就是得有时宽容有时不宽容，有时坚持原则有时和稀泥。这不自洽不美观也不容易操作，但没有更好的办法，生活不容易，能混得混。对“混”有洁癖，坚持要回归本原，寻找净土，皈依原教旨主义，这些可解决不了人生难题。就算上帝全知全能，为什么人间还有那么多罪恶？自省者认为必是我们有罪，自信者认为上帝错了，盲信者认为必有一个凡人无法理解的理由，凡人什么都懂，上帝还怎么超凡？

其实真相也许是这样的：面对永恒的稀缺、无处不在的悖论，上帝能怎么办？上帝也很绝望啊。

再换个角度来讲，社会是个大金字塔结构，细看大金字塔中又有无数个金字塔层层叠加，把镜头再推得更近，细看每个金字塔本身又是由无数个金字塔层层叠加而来的。无论你走到哪里，都逃不出金字塔，如同孙悟空逃不出如来的五指山。与其寻找一块想象中的净土，在其中倾注全部身心，到末了发现它不过是另一座金字塔，不如安心在社会的大金字塔里闪转腾挪，不是说这里不难，但至少空间大，跳转机会多。如果以为找到了净土，最后却不过是拴死在一座金字塔上，无路可去，那才是惨中之惨。

总结一下，给你三个建议：

第一，宁可复杂，不要简单。社会难题无解，越简单这无解就表现得越赤裸裸。你只能往复杂上找出路，复杂它好歹还能给你个腾挪空间。

第二，必须保持开放。封闭环境越走越死，不要封闭于自己，不要封闭于小团队，不要封闭于任何想象中的净土。

第三，没有就地面对难题的决心和领悟，到哪里都是被难题追逐的命。世上没有桃花源，人生不存在容易解，只能直面复杂，扩展维度，把能解决的难题解决掉，不能解决的缓解缓解将就混过去，而混的话，空间越大越好混。

反正，在长期中，我们都死了。

这一讲的灵感来自《我的圣经狂想曲》(*The Year of Living Biblically*)，这本书的作者是 A. J. 雅各布斯（A. J. Jacobs），他是沉浸式报道的极度实践者。什么是沉浸式报道呢？就是你要写什么，就把写的东西原原本本经历一遍。他曾经把大英百科全书从头到尾读了一遍，然后专门写了本书讲他学到了什么。我受启发的这本书，讲的就是他闭关，不打折扣地按照《圣经》教义生活。他从头到尾整理出《圣经》的几百条告诫，原样执行近一年，结果自然是很惨。许多告诫跟现代行为准则差异太大，这只能算是小事，归根结底则是许多告诫自相矛盾。出关以后，他给其他人的告诫是：就算是《圣经》，你也不能都照着来，遵守什么你得挑。至于挑什么不挑什么，这个问题还是只有你自己能回答。

规则：创新必须讲政治

这一讲我想给你讲，政治很重要，就连创新都要先过政治学这关。

政治是什么，政治学家有他们的解释，我给一个广义解释：

政治是与法治相对而言的。所谓法治，就是追求一切由规则决定；所谓政治，就是追求一切由力量对比决定。没有纯粹的政治，因为自从智人从森林里走出来以后，打架就都得在自己发明的各种规则之中打；当然更没有纯粹的法治，因为你我都知道，规则之所以存在，就是用来打破的。在法治的理想里，政治不该有一席之地；政治的世界倒是可以部分兼容法治，法治是政治的工具，合适就拿过来用，不合适就放在一边，变成阻碍就打碎它：规则只能约束实力，实力却能制造规则。世界就这么现实。

所以说，由力量对比决定而不纯粹由规则决定的地方就有政治，程度差别而已。你想躲也躲不开。

你经商，以为商业世界里是更好的产品能获得更多市场，带来更大利润，其实不见得。就说一个例子，在环环相扣的商业世界里，标准和联盟的作用越来越大。所谓网络效应，就是越多人接受一个产品 / 标准，就会驱动更多人接受同一个产品 / 标准。至于这个产品 / 标准本身相对于竞争者的客观优劣，只是多个因素中的一个，还不是最重要的那个。QWERTY 键盘的故事，我们已经耳熟能详。

你搞科研，以为学术是象牙塔。它可真不是。科学史家 I. 伯纳德·科恩（I. Bernard Cohen）在名著《科学中的革命》（*Revolution in Science*）里讲明白了，科学理论的“进步”，这里“进步”要打引号，是通过科学家共同体放弃旧理论，接受新理论实现的，但驱动科学家共同体做弃取选择的动力，不见得是理论的“客观”优劣，这里的“客观”也要打个引号，它就是个由少到多，最后越过临界点的过程。接受新理论的人多，新理论就赢了。至于接受的人为什么会越来越多，有可能是因为新理论有压倒性优势，但常常并非如此。你经常听到科学家们讲在两个理论中做选择的理由，比如说，被选中的那个理论需要的前提更少，而可解释的更多，所谓奥卡姆剃刀法则。你可以说它是基于美感的，也可以说它是基于效率的，但你不能说它是客观的。大物理学家马克斯·普朗克（Max Planck）干脆说，一个理论之所以被接受，只是因为反对它的人都死光了。不管普朗克是不是反讽，他说出了真相。

你搞变革，驱动创新，那就更需要讲政治。心流（flow）理论创始人米哈里·希斯赞特米哈伊（Mihaly Csikszentmihalyi）在名著《创造力：心流与创新心理学》（*Creativity: Flow and the Psychology of Discovery and Invention*）中说，创新有这么几个环节，少一环也不行：专业领域及代代积累的专业知识，专业领域的守护者，你带来的新想法，你带来的新想法被守护者认可。

你猜对创新来说最重要的是哪一环？被专业领域的守护者认可最重要。

希斯赞特米哈伊甚至断言，不被守护者认可的就不是创新。创新是由结果决定的，而不是常识以为的那样反过来先有创新后被接受。说起来不公平，但这就是事实。有多少创新进入你我的视野，就有不知道多少个本来可以成为创新的想法被湮没沉埋。无论创新相对于已有知识有多大进步，都绕不开争取本专业的守护者这一环。

人毕竟不是机器，一个算法就搞定了，跟人有关的事绕不开人际动力学。你不理它，它会理你，只能去拥抱它，问题是怎么拥抱它？

首先，在守护者群体中，你要找对人。

正如希斯赞特米哈伊所说，创新不是自己说了算，而是专业群体认可。专业群体指的不是你的客户群体，也不是你的金主群体，而是你的同行群体。沃顿商学院教授亚当·格兰特（Adam Grant）说，一个新产品能否取得成功，投资人的意见是靠不住的，消费者调查得出的结论也一样靠不住。这两个群体都太重视既往经验。预测未来，谁的成功率都不会很高，相对而言最准确的预测来自同行。

小结一下，最重要的既不是打动客户，也不是打动投资者，而是打动同行。我自己的经验可供印证，如果同行做新闻报道不得不引用我们的，如果同行在读完别人做的新闻报道之后，仍然觉得必须读我们的新闻报道，作为一个新闻机构，财新就已经成功了。

接下来的问题是，哪些同行?

你要找的是兼具内部人和外部人双重角色的同行。光是内部人的话，会囿于偏狭，所以总是高估一切变革的难度；光是外部人的话，不懂行，所以总是低估一切变革的难度。既是内部人又是外部人，才能既深入了解本专业又有广博见识，知道变革不易但可能。他们才是你最重要的同路人。一个佐证，诺贝尔科学奖得主当中，懂艺术的比例远高于在科学家整体中的比例。艺术跟科学本身没有什么相关性，这个比例只是揭示了懂艺术的科学家能自由出入自己的专业领域，这种人更有可能创造变革。

怎样争取这些同行的支持?

第一，耐心积累实力，等待合适时机。你要改变一个领域、一个组织、一个系统，不能在自己还是毛毛虫的时候就动手。任正非说，谁要是一进公司就来跟我谈战略，我就把他开掉。小朋友，你还不够格。这不是势利，而是现实。在系统内部获得一定地位以后，说话才可能具有撬动杠杆的分量。

第二，如果时机精准选择太难，那么慢比快好，时机不到就拖着。“拖”字诀的美德往往被低估，其实，让它在时间中多发酵会儿比欠点火候总是好些。在推动变革这件事上，先发往往是劣势。古人早有这个智慧：帝王之兴，必有先驱者资之以成其业。第一个起来砸烂坛坛罐罐的往往成为先烈，最好的机会属于第二个起来打扫残局、拨乱反正的人。

第三，隐藏剧烈变革的远大计划，把它分解成一个个不引人注目的小步骤。时势造英雄，是因为英雄在还没站起来的时候，已经为时势变化一步步做了许多铺垫。

第四，少传教，多做事；少说为什么这样做，多说怎样做。首先是因为行胜于言，更重要的是做事情可做多重解释，如果能见度高对你推动变革不利，你就不要主动提高能见度。

第五，当你力量丰满、羽翼已成的时候，要注意到，你想颠覆的那个专业/组织/系统里，维持现状的联盟的瓦解过程有独特的动力学：最早是单峰偏好，就是最保守派最看不惯你，其次看不惯那些次保守派；最后会变成双峰偏好，就是最保守的固然看不惯你，但也很看不惯那些反对你的程度没他那么激烈的次保守派。面对新势力，旧联盟陷入内争，把内部的细小分歧看得比天还大：敌人可恨，叛徒更可恨，而跟我不一样的都是叛徒。

恭喜你，你就要赢了。

总结一下，这一讲我们说到政治很重要，哪怕是你想搞变革，搞创新，都需要讲政治。创新要想被采纳，核心是搞定同行，从政治的视角，我给了你五点建议。如果你有正在致力于创新的朋友，你也可以把这一讲分享给他。

这一讲的灵感来自希斯赞特米哈伊的《创造力：心流与创新心理学》。

战略：人际斗争有万能打法

这一章前面两讲，我们说了简单无出路，政治躲不开。再强调一次，所谓政治，我这里说的是广义的，指所有得凭力量对比才能解决问题的场景，那些只要查找对比法律、规则就能解决问题的场景不算。绝大多数场景里都得靠力量对比，这一课跟你讲在这些场景里面有个万能打法。

曾有一位大机构负责人乐呵呵地跟我说，政治很简单，就是要搞得朋友多多的，敌人少少的。他说的不算错，却只说到了最后力量对比这一层。人多胜算大，但是分肥的时候人多就不好了。

最好是打的时候人多，分的时候人少。

精髓就这一句话，不同年代、不同体制下都管用，本来是大玩家们不立文字的底层能力、秘传心法，终于被布鲁斯 · 布埃诺 · 德 · 梅斯基塔（Bruce Bueno de Mesquita）梳理出来公之于世。

梅斯基塔是美国政治学家，当过美国政治学会会长，治学的路线是现实主义政治学。现实主义政治学，用马基雅维利式格言一句话概括：没有永恒的朋友，只有永恒的利益。多补充一句的话，政治的各种面相是因为利益的不同底层结构。这两年，玫瑰色褪去，世界变得险恶又狰狞，跟现实主义的视角和预言贴得越来越紧。风水轮流转，转到了这一讲。

你也好，我也好，每个人本来就有点理想，而以现实为本，只是此时已入冬，大家都比以前更现实了，你不多用点现实主义理论武装自己，怎么过得去这个冬天?

万能打法就是一句话：打的时候人多，分的时候人少。想得倒好，怎么实现?

诀窍是一个世界观和三个维度。

一个世界观，指驱动玩家的首要动力是获得权力，以及获得权力以后保持权力。这不用多说，是现实主义的经典假设。

三个维度，指玩家考虑力量对比的时候要看三样：名义支持者（nominal electorate），实际支持者（real electorate），制胜联盟（winning coalition）。

名义支持者指所有潜在支持者，实际支持者指那些有分量的支持者，制胜联盟指那些缺少其支持你就完蛋的实际支持者。这三者的关系是这样的：名义支持者可替代，实际支持者有影响，制胜联盟不可或缺。

在名义支持者、实际支持者、制胜联盟三维度下，梅斯基塔用绝对现实主义的分析框架，重新梳理从政客到首席执行官的行为逻辑，谱出一部现代厚黑学。

比如说，在这个三维视角下，所谓民主体制，就是制胜联盟很大，实际支持者更多，多到跟名义支持者差不多。所谓威权体制，就是名义支持者很多，实际支持者较少，制胜联盟极小。药都是这几味药，只是配方、组合、剂量不同。民主与威权都在同一个光谱上，没有截然分开的鸿沟，只是场景不同。

无论哪种场景，把万能打法落实到具体路线，也是同样的五条规则：

规则一：制胜联盟越小越好。只要能打赢，制胜联盟规模越小，分肥的人就越少，而且，人越少你就越好控制。

规则二：名义支持者越多越好。名义支持者越多，实际支持者和制胜联盟成员的可替代性就越强，所以就越听话；这逻辑同样适用于实际支持者，也是越多越好。

规则三：控制住关键资源。“惟器与名，不可以假人”，地位和名分最重要，这是老祖宗的告诫。现代社会跟这个稍有不同，关键资源主要表现为钱。

规则四：你的制胜联盟成员不能养得太饱。太饱不利于他们继续保持忠诚。老祖宗也有同样的智慧。三国时期，就有智者这样来规划对史上第一大反骨仔吕布的使用：要像养鹰一样用他。饥即为用，饱则扬去。让他适当保持饥饿感，他就会继续给你干；一旦让他吃饱，他就飞了。

规则五：关键是适度保持饥饿感，你可不能真的让制胜联盟成员饿着了。真饿着了，他们就会吃你。你得保证制胜联盟成员的利益，绝对不能从他们的口袋中把钱掏出来给别人，无论是名义支持者还是实际支持者。实在要发善心的话，你得用自己的钱。

透过万能打法及五条规则的棱镜看过去，历史成败突然就清楚了。

几乎没有人违反第二条规则，也就是名义支持者越多越好，哪怕是帝国时代，帝王也要讲“天下为公”这套话术，连盗贼都要讲替天行道呢。至于个别连这套话术都不会，直截了当地说死后哪管洪水滔天的，真的很快就死了。

崇祯皇帝违反了第五条规则，他让自己的制胜联盟成员真的饿着了。大明王朝直接亡于清朝，死因则是财政崩溃，国家没钱了。如果不是因为财政没钱裁撤了“邮政”，“邮政员工”李自成怎么想得起来造反？不过，崩溃的是国库，内帑——皇家小金库，一直都很有钱。终局时刻，满洲军队兵临北京城下，众大臣上书请开内帑劳军。崇祯舍不得，把上书的人拿下，廷杖，转头下诏要众臣散财救国。结果可想而知。崇祯在景山走投无路时，只有一位太监在身边，众叛亲离到极点就是这样的。

万能打法不仅能让我们读懂帝王事，也能在今天的商战中实操。你看马云运筹了十年，终于把阿里巴巴的控制权安排妥当，他的策略跟万能打法的要求丝丝入扣：

规则一，制胜联盟越小越好。巨型互联网公司一般历经多次融资，股权高度分散，管理团队很难掌握控股权。如果按公司治理的一般原则，名义支持者是全部股东，实际支持者是实际参加投票的部分股东，制胜联盟则是投支持票的那部分股东。无论是哪一层，马云都觉得不放心，至少是不能长期放心。通过转出支付宝立威，然后将同股不同权坚持到底，绝对地丝毫不退让，最终重构了阿里的权力三维结构：名义支持者是全部股东，实际支持者是董事会成员，制胜联盟则是阿里合伙人。马云一手挑选的36名阿里合伙人有权推选多数董事会席位，能牢牢掌握阿里体系的控制权。

规则二，名义支持者越多越好。阿里全员持股，实际上可能性很小，但每个人理论上都有潜在地成为阿里合伙人一员的资格。36名合伙人一方面分享了阿里系的真正权力，主宰数千亿美元市值资产的走向，利益之大可想而知；另一方面又被置于一个必须始终保持饥饿感的位置。合伙人分出两层，一层是内核中的内核，马云和另外一人是终身合伙人，另一层 34 人则并非终身合伙人，根据年限、表现以及虽没明说，但显然最重要的忠诚度情况有被退出的可能，事实上也发生过几次合伙人退出事件。这些安排将万能打法的规则三、四、五熔为一炉。在制胜联盟里分配关键资源的分寸感是这套万能打法关键中的关键。

看懂这套打法，你就知道马云宣布退休其实是无所谓的，就是日常事务他懒得管了而已，但凡能不管的话，谁爱管这些劳什子呢？控制权牢牢在握就行。马云肯定没有读过梅斯基塔，一法通则万法通，做到极处无师自通。

对你来说，只要是在取胜需要依靠力量对比的场景，先想想这套万能打法。

总结一下，我们这一讲的万能打法，就是要解决一个千古难题，怎么做到打仗的时候人多，分配利益的时候人少。万能打法的关键在于运用名义支持者、实际支持者、制胜联盟的三维结构。

这一讲的灵感来自《独裁者手册》（*The Dictator's Handbook*）一书。

关系：不可不铁，不可太铁

这一讲，我们来看看怎么搭关系网。

人生而自由，却无所不在关系之中。每个人都有三样资本：人力、财务、关系。假设人力和财务资本相同，谁更会搞关系，谁获利大。关系网是人生的重要资本，有时是最重要的资本，对此我们中国人心领神会，毕竟用拼音写的“guan xi”这个词，都进入英语词汇表了。

真正会搞关系的人是人生赢家。他知道哪里有好机会，有好机会都能插上一手，好机会离了他还真不行。

你知道怎么搭关系吗？

搞关系不是讨好大人物。虽然尼科洛·马基雅维利（Niccolo Machiavelli）说过，需要讨好大人物的话那就去讨好，但把讨好大人物当成搞关系的核心，反而恰恰是不会搞关系。中国人谁不会讨好大人物，关系大师有几个？大人物是怎么变成大人物的？反正不是靠被人先讨好后利用。正好相反，你看大人物跟人打交道，总是他在占便宜。为什么？大家都想讨好他呀。你跟几个大人物换过名片，有他的手机号、微信号，那不是关系资本，搞不好是关系负资本。

就算你幸而成功，跟大人物有了深交，成为他的一颗棋子、一杆枪或者一副白手套，那也就是解决了饭碗问题，哪怕你捧的是金饭碗，干的还是讨饭这件事。你有关系却丧失了自由。

真正会搞关系的人，他跟关系网之间的关系是狗摇尾巴而不是尾巴摇狗，他用关系网而不为关系网所用。不为关系网所累，却在关系网中获得自由。做到这些，他靠的首先不是找对他有用的关系，而是把自己放在关系网中对人有用的位置。

关键不在于关系网中有什么人，而在于关系网是什么结构。关系网中有什么人不是不重要，但更重要的是关系网怎么搭。

我给你讲讲帝王是怎么搭关系网的。

大臣无私交，这是历代帝王最重要的一条政治规矩。大臣之间不能私下往来，不能随便串门，更不能互通信息，互相勾结就更不用说了，最好连历史交情都没有。

中国人自小生长在关系之中，袍泽、同乡、同科等。帝王强势，则这些关系受抑制；帝王弱势，则这些关系见风就长。

这条规矩如此不近人情，为什么如此重要？因为如果将它进行到底，最后呈现出来的是对帝王来说最理想的一张关系网。

“为政以德，譬如北辰，居其所而众星拱之。”北辰就是北极星，你把“以德”两个字拿掉，《论语》已经勾勒出这张关系网的要点。帝王居中，大臣环绕，所有连接都发生在帝王与大臣之间，大臣之间没有连接。

这张关系网对帝王来说没有冗余。关系网的冗余有两个来源：凝聚力和同构性。

为什么呢？下面我们一个个来解释。

先谈凝聚力。你可能觉得关系网有凝聚力是好事，谁不想自己的关系铁呢？不谈感情就谈网络结构的话，凝聚力指网络中的每个人彼此熟悉的程度。在最有凝聚力的关系网中，每个人都认识每个人。

再谈同构性。你的两个关系人彼此不一定认识，但这两个人能帮你接入的下一层关系网，两者是一模一样的，那么，这两人在你的关系网中就是同构的。

讲到这里，请你先反思一下自己的关系网。如果你的关系网凝聚力极强，所有朋友都认识所有另外的朋友；如果你的关系网同构性极强，你通过所有人接入的都是同一个关系网，那么你就麻烦了。

你的关系网太铁，带来两大致命问题。

第一，你能获得的信息太少。这个关系网中没有新信息，即使偶尔有新信息也是所有人同时知道，而大家同时知道的信息不能给你带来任何额外价值。

第二，你没有用。不管你的关系网有多么铁，你完全没有额外价值，你所知道的，别人也都知道。你对别人没有用，完全可被取代。

你跟这个极度冗余的关系网的关系是这样的：你对它没有什么价值，它却是你的全部。在它之中，你所获无几，还丧失了自由。一旦从这个关系网中被放逐，你就一无所有了。

到这里你该明白了，帝王的理想关系网正好是冗余关系网的反面。大臣无私交，术语就是没有凝聚力，谁跟谁都没有连接，所有连接都通过皇帝；大臣各有职责，经由他们通向的下一层关系网也彼此不同，所以不同构。

既没凝聚力又不同构的情况，在社会学中叫作结构洞（structural holes）。之所以叫作洞，是因为关系网延展到这里好像是掉进了洞里，大臣无私交，无私交就产生了洞。

结构洞是个缓冲地带，又像电路中的绝缘体，结构洞两边传递着不同的信息流。关系网中跨越了结构洞的人，有了在两种信息流中居间套利的机会：何时何地连接谁连接多少，这就是权力。拥有这权力的人获得利益。

从结构洞的角度来看帝王的理想关系网，有两个特点：

第一，关系网充满了结构洞。

第二，结构洞全在其他人那一边，帝王这一边完全没有结构洞。

在帝王的理想关系网中，只有他能跨越结构洞，所有信息流全部通过他。帝王知道一切，其他所有人只知道自己这一点，其余的要看帝王愿不愿意告诉他们，什么时候，告诉多少，帝王说了算。帝王也可以在最恰当的时机干预一切，连接两个人，让他们合作，或者让他们争斗。为君之道，本质上叫掮客，叫渔翁得利都行，关键是只能有一个掮客，一个渔翁。唯一的桥带来绝对的权力，绝对的权力带来绝对的利益。帝王的核心竞争力——帝王术，就是在治国精英关系网中获得并保持住这个位置。得之则有国，失之则丧身。

在这个理想关系网中，只有帝王是自由的，关系网结构保证了只有他有自主权。关系网离开他就崩塌，而他又超然于每个关系，无论哪个关系都不能反过来威胁到他，无论哪个关系出问题都是癣疥之疾。他明见万里，应时而动，英明神武，不是因为天生如此，只是因为占住了关系网中唯一的关键位置。

帝王付出的代价是孤独，他有多自由，就有多孤独。子民、属下、朋友、亲人，对他而言都必须是“结构洞边人”，只能是他一个人超然其外，所有人都需要他，他不需要任何人。

好在这不是你用得着担心的事。你只需要借鉴帝王的理想关系网，用结构洞理论梳理打造自己的关系网。

展开来讲：

第一，既有关系网中的结构洞越多越好。结构洞越多，意味着你跨越多个群体并在他们中间做中介的能力越强，你越能获得更多的高质量信息，获得的时间越早，每个群体就越需要你。

第二，跨界收益递增。你跨越的群体越多，你就越有价值。价值不是线性递增而是指数增长。你跨越的群体越来自不同的方向不同的领域，你跨越的结构洞也就越多，而每多跨越一个结构洞，你关系网中已经存在的结构洞价值也会增加。同时，你已经跨越的结构洞越多，对你跨界的能力也越有帮助，因为你对新群体越有价值，新群体越有动力接纳你。这是个正反馈，关系网中越有效的人越能延展关系网。不必讨好谁，有用就行了，做桥最有用。

第三，同质关系收益递减。你不需要认识每个校友、每个同事、每个同行，每个群体熟悉几个节点就够了。如果只从效率考虑，每个群体熟悉一个关键人，掌握一个关键节点，就够了，但如果真这样的话，那么这座桥同时掌握在你和他手中，你依赖他才能跨越结构洞，正如他也是依赖你才能跨越结构洞。你们彼此套牢。你解套的办法是至少要在他之外多布一个点。林彪指挥百万大军，但时常越过指挥系统，直接指挥到连队，其实领导都需要这样。

第四，你的关系网跨越越多的群体，有越多的结构洞，你就越自由。自由不是自己一个人想做什么就做什么，而是与他人有独特丰富的关系，关系越独特丰富，你就越自由。不想搞艺术的科学家不是好商人，混搭，随时出入于多个群体而不为任何一个群体所限，是人能获得的最大自由。

说完这些，还得对你有个重要提醒。凡事不要做绝，你按结构洞搭关系网也不要做绝。人人都有亲人、朋友，这些人生中的核心关系当然有用处，但它们不是拿来用的，它们是我们的身心滋养，是我们安全感的最终源泉。许多成功者说成功是与自己最重视的人有丰富饱满、凝聚力极强的关系，我相信他们说的是真话。

这里说的还只是情感，如果在情感之外，谈理性算计，要将含有多结构洞的关系网的能量发挥到极致，一个人远远不如一个团队，团队成员相互信任，凝聚力强，各有特长。人类的大多数创新来自拥有这些特点的小圈子。2000 多年前的雅典柏拉图学园将古希腊思想发扬光大，近 100 年前的维也纳小组重塑 20 世纪思想史，40 多年前的中国社会科学院群英开枝散叶，成为中国经济改革的中坚力量，都属于这一类。

我讲讲维也纳小组的故事。第一次世界大战后，以维也纳为中心聚集了一群知识精英，重塑了20世纪西方科学和哲学思想，分析哲学、当代科学哲学都从这里发源。

维也纳小组的构成符合典型的结构洞理论，其成员有路德维希·维特根斯坦（Ludwig Wittgenstein）、卡尔·波普尔（Karl Popper）、库尔特·哥德尔（Kurt Gödel）、鲁道夫·卡尔纳普（Rudolf Carnap）、莫里茨·石里克（Moritz Schlick），来自物理学、数学、逻辑学、哲学的不同圈子。作为一个整体，小组跨越了许多结构洞，打通多个学科，新思维相互启发。

维也纳小组也超越了典型的结构洞理论，所有成员都相互认识，定期交流，彼此激发，凝聚力极强，致力于在相对论和量子力学兴起的时代为科学寻找可靠基础，成为20世纪分析哲学和科学哲学的正源。

其实，我也在维也纳小组的关系网之中，我的导师的导师是洪谦先生，他的导师石里克是维也纳小组领袖，洪谦先生本人也是小组一员，我算是小组的三传或者四传弟子吧。

帝王学将结构洞做到绝就够了，伟大的事业则往往来自高水平、彼此充分信任、背景多元化的亲密小圈子，这就要求有克制地部署结构洞。

跨越再多的结构洞，到最后我们还是要与同道中人在一起，相互激励，彼此慰藉，才能迸发出整体的最大能量，有所创造。要是失去分寸，学帝王术学到一丝不苟，即或成功，大家都被你一网打尽，你也会变成孤家寡人。

总结一下，这一讲告诉你，搭关系，不要想别人对你有什么用，要想你对别人有什么用，而你对别人的用处大小，不在你本身，在于你在关系网结构中的位置。要站在跨越最多结构洞的网中。同时你也要记住，这件事不要做绝。

这一讲受到卡尔·西格蒙德（Karl Sigmund）的《癫狂年代的精确思考》（*Exact Thinking in Demented Times*）的启发，是一个出身维也纳学术圈的当代学者写的维也纳小组的故事。刚才讲过，我算是维也纳小组的多传不肖弟子，举贤不避亲，我把这本书推荐给你，希望你体会一下现实中结构洞关系学的最优用法。

情感：越亲密越脆弱

上一讲我们讲了关系的结构，这一讲，讲关系本身。关系就是你与他人的连接，它不仅有功利之用，还有情感之用。人各有其对于幸福的定义，但没有一种幸福不伴随着与他人多元、丰满、充实的关系。反过来说，关系之中有陷阱，所谓知人知面不知心，当你发现被信任的人欺骗出卖，会感觉更为苦涩。这一讲想告诉你，关系的陷阱往往是你自己挖的。

没有绝对靠得住的关系，问题只在于你如何面对它、管理它。

我不必像马基雅维利一样冷酷地剖解“没有永恒的朋友，只有永恒的利益”，只需要提醒你认清你自己就行。关系从外到内一层层变得越来越紧密，跟你关系最紧密、最可信赖的人就是你自己了。但就算是你自己，也不是同一个人。今天的你和明天的你就不是同一个人，否则就不会有新年立志、年中“放羊”、来年再立志这套循环把戏了。新年立志的你，想套牢年中的你，年中的你则摆脱了新年的你的束缚。不同时空中的你连偏好都不同。就算是在同一时空中，你也不止一个你。爬行动物脑是一个你，任本能驱动；前额脑是另一个你，靠算计行事。两者冲突的时候，顺人欲还是存天理？事到临头才知道。

自己都靠不住，何况是别人！诚意正心、格物致知、修身齐家治国平天下，中国人的关系网自内而外，层层外扩，层层衰减，没有哪一层绝对靠得住。

道理不难懂，可为什么你还是会因为过度信任而掉入关系的陷阱？

因为正常人不会处理极大概率和极小概率事件。99% 会发生的事情，正常人就把它当作必然会发生；1% 会发生的事情，正常人把它当作肯定不会发生。大脑不能始终在那里计算尾部事件的微小概率变动，就现在这样已经耗费一个人日常所耗能量的 20% 了，要是整天算微小的概率变动，会过热死机。

所以，当你觉得一个人相当可信，虽然你早知道没有人绝对可信这回事，但大脑就是不自觉地默认成完全信任他。你把受欺骗的极小概率事件当作不会发生的事件，这样比较节约能量。

最终导致一个悖论：关系越紧密就越经不起挑拨。千里之堤，毁于蚁灾，凭什么啊？因为要求高一点都伤不起啊。关系越紧密，彼此要求就越高，你默认对方完全靠谱，那么如果对方没达到你的预期，不管是事实上的还是你想象中的，对你的伤害就越大。

读《资治通鉴》读到董卓专权那一段，我读到的就是一连串亲密关系轻而易举地就崩解了。

话说东汉末年，董卓率领西凉军人集团夺取朝政，废立君主，大权在握。然后为了貂蝉，与吕布父子相残，这桥段历史上发生多次，不用我细讲了，我讲接下来发生的事。两人火拼后，朝廷发难，诸侯进逼，西凉军人集团危如累卵。董卓的两大部将李傕、郭汜好不容易统住西凉军马，暂时稳住局面。你看，在这种情况下，两个人本来就是至交好友，又是在内忧外患的生死关头，按理来说更应该精诚团结。可就因为两个人的太太闹了点矛盾，搞了点小花招，结果就生生拆散了两人的生死盟约，内斗了起来。最后两败俱伤，都落了个不得好死的结局。而整个西凉集团也土崩瓦解，从此分散在四方，沦落成其他势力的打手。

从此我读《资治通鉴》，每当看到曾经的好朋友之间“有隙”两个字，“有隙”就是有了缝隙，生了嫌隙的意思，心中便是一紧，一般来说，下一页这两人就会刀枪相见。

我们皆凡人，好朋友之间容不得“有隙”，越好越不能

“有隙”，“有隙”便有大事。

从这里外推，我试验性地提出一个“挑拨守恒假说”：

无论是一对死敌还是一对至交，挑拨他们之间关系的难度是一样的。死敌之间你用不着挑拨，他们自己打得你死我活，但你想进一步挑拨的话，需要极多的信息和操纵；至交之间虽然情比金坚，但只要你能插进一点缝隙，英语叫作 drive a wedge，离挑拨成功就不远了。

仔细想想这个“挑拨守恒假说”，人与人之间的关系就是这么既真实又脆弱，带给我们温暖也带来伤害，有多温暖就有多容易变成伤害。因为大脑默认极小概率事件不会发生，而当两人生隙，出现信号，让我们突然意识到它有可能发生时，就是从 0 到 1，波动不可能是平滑渐进的，一定会发生剧烈的相变。

我再用期权（option）来讲这个道理。期权就是以某个价格在某个时间买入或者卖出某样东西的权利。期权有很多种，其中一种是深度价外期权。比如一只股票现在价格是 10 块，你卖出它的看涨期权，期权行使时间是一年内，行权价格是 100 块，这就是深度价外期权。因为股价一年内从 10 块涨到 100 块的可能性极小，期权到期价值等于零的可能性很大，如果你是卖方就白赚了，极小概率的事不会发生嘛。但是，只要股价出现大幅上涨，那么期权价格的上涨很可能会猛烈得多，搞不好股价才涨一倍，期权价格涨十倍。这时卖家就惨了。当默认不会发生的事情被重估为有可能发生时，通过价格表现出来的人们的反应是疯狂的。

我的本职工作是新闻，多年来主持财新这家优秀新闻机构的编辑部。在许多人眼中，新闻就是追逐负面，其实不是，新闻追逐的是小概率事件它竟然发生了，追逐的是意外，只不过意外中大多数是负面而已。可以说，新闻报道的主要内容就是不应该发生但却发生了的事情。多年新闻工作下来，我知道极小概率事件随时都在发生。

比如说，河道干涸了很多年，人们在里面盖房子住人，遇上两百年一遇的暴雨，泥石流下来，悲剧发生。这种事各地都有。人命本无价，两百年一遇的事情毕竟终有一遇，人们不知道怎么面对这个小概率事件，于是默认它不会发生。这就跟人们都知道不存在绝对可靠的交情，但还是免不了被它伤害是一样的道理。

明白了这么多，你怎么办呢？我有几个建议：

第一，越是亲密关系越要精心滋养。越亲密的关系越容易生隙，而一生隙，双方就容易过度反应。绝不要以为关系深厚就可以为所欲为，正好反过来，关系越深厚越需要精心维护，关系越坏才可以越为所欲为。

第二，亲密关系之外的其他关系，重在用人不在识人。

知人知面不知心，你又何必去知心！如果你是管理者，就更应该把重点放在用人所长，而以绩效为先，把握能把握的。管理学大师彼得·德鲁克（Peter Drucker）观察管理大师艾尔弗雷德·斯隆（Alfred Sloan）的用人之道，就是这个心得。斯隆是通用汽车公司的传奇首席执行官，他把通用汽车公司一手推向巅峰，使其一度成为美国经济的同义词。斯隆留下这句饱含悖论的名言，他说："人事极为重要，但不要过多地在人身上浪费时间。"因为以绩效为先，人事迎刃而解。斯隆最重视人事，但性格冷淡，不好相处，这悖论对他来说是正好。

第三，用人不疑，疑人不用，这是不对的，正确的是"用人也疑，疑人也用"。前者简单后者复杂，我们都喜欢简单，可现实就是复杂的。你如果觉得这样想太过现实，那就多想想疑人也用这半边，它可比"疑人不用"要正能量得多了。

第四，在干涸的河道里不能盖房只能种田，两百年一遇的大水冲走一年收成，你不会亏光，要是盖房子则不然。只要存在亏光的风险，不管风险多么小，就不能全押。一次没赔，两次没赔，老这样干，迟早赔光。这道理同样适用于管理交情。大脑不适合用来精算，但轻重得分清。

最后也是最重要的，你可不要以为没有什么关系绝对靠得住，就伤心失望，从关系中抽身而退，正好相反，没有哪一种关系绝对靠得住，所以你应该扩展关系。多元、丰满、充实的关系网，特别是多元、丰满、充实的亲密关系网，而不是情比金坚的单一关系，才是我们情感的归处、安全的来源。

总结一下，这一讲，我告诉你，越是亲密的关系越是脆弱，越经不起拨弄，越是需要你精心呵护滋养，原因是我们的大脑不能处理小概率事件的微小概率变动。所以说，不要过度依赖任何单一关系，无论它看上去多么可靠。

这一讲的灵感来自通用汽车公司传奇首席执行官斯隆的自传《我在通用汽车的岁月》（*My Years With General Motors*）。当年，管理学大师彼得·德鲁克接到了工业巨人通用汽车公司的邀请，有史以来第一次一个外人在通用汽车公司内部开展深度研究，其成果《公司的概念》（*Concept of the Corporation*）成为管理学的开创之作。不过，斯隆对这本书不满意，又写出自传，也就是《我在通用汽车的岁月》。这是关键内部人对通用汽车公司兴起的解读，也是一部管理学名著。一家公司，两种解读，引出两本名著，成就一段佳话。一种是评论做事的，一种是做事的，我把做事的人的书推荐给你。

资源：别清空存量，清空存量思维

这一讲我们来讨论下怎么处置你的存量。

罗振宇跟我说过一句话，“我和脱不花这种人，不把存量当回事，随时准备清空”，罗振宇边跟我说这话边跟脱不花确认了眼神。我一是受到震动，如此果决，真了不起；二是隐隐觉得哪里不对。这样真的好吗？

信奉原教旨主义的经济学家会觉得这是理所当然的，沉没成本不影响未来决策。过去的一切凝聚成现实，而现实到来的那一刻就已不可改变，唯一重要的是未来。这是教科书式的正确答案。但是，人们在现实中则多半不会如此行动。我们都是自己过往经历塑造的产物，谁也不是只往未来这一个方向看，难道我们都做错了吗？

这可不是抽象的哲学问题，它小到影响你要不要跳槽，要不要放下一切去追求梦想，大到影响我们今天在过去与未来之间的取舍。这问题在我脑海中发酵了好久，终于，在打一局围棋谱的时候，我想明白了。

围棋是最古老的战略游戏之一。规则极为简单：棋分黑白，纵横十九，气尽则亡，子多为胜，剩下的规则都是打打补丁，却能生发出无穷变化。一盘棋，少则百余手，多则三百手以上，每个对弈者的落子次数大概率在五六十次到一百五六十次之间，而真正需要做出决策的次数大概占到其中的三分之一，也就是说，一盘棋需要做决策的次数是十几次到五十次左右。

这跟现实同构。围棋可以看作对现实的抽象：规则很少很简单，但变化极多，未来难测，你可以做计划，但得随时迎接变化。人一生中所做的重大决策，诸如上学、找工作、换工作、谈恋爱、结婚、生育子女、退休、投资等。再平淡的人生中也会有一二十个重大决策，要是你的人生激荡的话，多到五十来个重大决策也正常。这跟巴菲特说的投资差不多。他说，全部投资生涯总共做的重大投资决策加起来二十个左右，其他的都是小事。

围棋是关于棋子效率的游戏，子多为胜是其结果。做出几十个决策，布下一百来个棋子，如果这些棋子整体发挥出比对手更高的效率，你就赢了。现实也差不多，没有赶尽杀绝才算赢这回事，自己觉着活得比别人好就是赢，它同样取决于你做出的那几十个人生重大决定。

效率可以这样来描述它：

假设第一步的效率是 X1，第二步是 X2，第三步是 X3，到最后一步 X150，你这盘棋的整体效率不是做加法，X1+X2+…+X150，而是做乘法，X1 × X2 × … × X150，整体效率是每步棋效率的乘积。

有三点很重要：

第一，每个决策都很重要，而且跟先后顺序无关。你的任何一个决策都不能是致命的，如果是，那它发生在开局还是终局都没有影响。常识说人犯错误要在年轻的时候，这说法之所以算是成立的，是因为年轻人天然地同时下着好几盘棋，比如说要是他炒股失手全亏光了，但人力资本还在，能补回来。如果年轻人只有一盘棋可下，那什么时候亏光都是亏光，没有区别。推论是环境中存在的机会越多，你越可以从容，机会越少，你就得越谨慎小心，因为搞砸了没有翻盘的机会。一个人在北上广能放飞自我，如果逃离北上广回到老家，就得夹起尾巴做人。人没变，环境变了。

第二，围棋盘上做不到，但在现实中你要尽量使每一步都是个组合。原因很简单，假设你要做两件事，一件事的预期收益是翻倍，另一件事的预期收益是亏一半，而你不知道哪件事会翻倍哪件事会亏一半，你怎么选？这时候，如果你先做一件事再做另一件事，串联，那么预期收益是 0，先翻倍后腰斩，或者先腰斩再翻倍，总之是哪里来的回哪里去；但如果你同时做这两件事，并联，那么预期收益是25%，一半翻倍另一半亏一半，合起来是100%减去50%再除以2。风险变小，收益变大。永远不要在一个时间段内只做一件事，不要听那些all in（全部投入）的口号。

第三，落在盘上的棋子也不能动，落子无悔，好比人生也没有重来，但是，棋子虽不能动，你的下一步落子却可以让已经落下的子的效率发生改变。棋子的效率不是固定不变的，而是始终在变化之中，视对手的应对，视自己接下来的落子情况而变。从这个角度看围棋，可以把每步棋的使命都看作尽可能提升已经落下的棋子的效率，谁实现得更好谁就赢。决策也是一样，新决策一定要让过往的所有决策整体绽放出最大效率。你无法事先把一盘棋全部都规划好，这是不可能的，你的智慧不允许，你的对手也不允许，但棋是一步步下的，每下一步棋都要努力让已经下的棋发挥更大效率，这个目标是可能实现的。一步好棋是它对得起盘上的棋子，你的一个好决策则是它对得起你过往所做决策的总和。

过去并没有真的过去，它是可以被未来改变的。存量是不能被清空的，因为存量不是沉没成本，存量也是变量。围棋帮我想明白了这个道理。

那罗振宇、脱不花错了吗?

倒也没有。

存量是不能清空的，正如你不可以把棋子从棋盘上拿掉，却可以让已经放到棋盘上的棋子产生更大效率；可以清空的是存量思维，因为我们不能被自己此前所做的决策所限制。不能因为过去有一个构想，就认为它必须延续到将来。不能因为对自己有个定位，就认为这个定位必须坚持到永远，否则我将不我。情况变了，看法就得改。有人指责大经济学家约翰·梅纳德·凯恩斯（John Maynard Keynes）的看法改得太快，凯恩斯反问：先生们，难道环境变了，你们不改变看法吗?

绝大多数人确实不这样做。人类棋手之所以在围棋上输给人工智能，就是因为我们太受制于存量思维，困在自己最初的构想之中。我们下前几步棋的战术目的是什么，后几步棋就依次而来，我们或者把它叫作棋理，或者叫作棋风，或者叫作气合（斗气）。最极端的例子是日本围棋黄金时代的超一流棋手大竹英雄，他被称为围棋美学派代表人物，他留下了一句名言：如果不下这步棋就输了，那我也不能下！因为那步棋的棋形太难看了。你可能会笑话大竹英雄，但生活中太在意立场、姿态、世界观的人，跟他有多大区别呢?

人的这些毛病，人工智能统统都没有，它审视棋盘，不管此前下了多少步，它把当下视作起点，把接下来的这步当作第一步来重新开始计算。正是因为清空了存量思维，它才能够清醒地评估存量，拿出此时此刻最大化重构存量价值的策略。一盘棋下来，它这样做的次数比人类多太多。

好，我总结一下，这一讲讲到了三种思维方式：

第一种思维方式基于自我认知：我是什么样的人？我们是个什么样的组织？如果我做了这样或那样的事，我还是我吗？我们的组织还是以前的那个组织吗？

第二种思维方式随时准备清空存量，只看自己想去的那个方向，想要达到的那个目标。爱情诚可贵，理想价更高，若为自由故，两者皆可抛。爱情、理想、自由这几个位置自由代入各种关键词，就得到了这种去存量打法。

第三种思维方式随时清空存量思维，但珍视存量，因为存量也是变量。这种人不关心定位，不关心所谓的自己是什么样的人，身处什么样的组织，而是聚焦于如何使自己的存量在接下来发挥最大效率。重新审视棋局，随时刷新思路。太阳每次升起都有一个新我，苟日新，日日新。

这一讲的灵感来自《三十六计与围棋》一书。作者马晓春是我国第一位围棋世界冠军，也是在棋手这群聪明人中被公认为最聪明的那一个。我们这一讲讲了围棋对思考现实的启发，而这本《三十六计与围棋》则是对棋盘争斗与现实竞争的全面反映，两个方面都是顶级内容。如果你略通围棋且棋艺尚可，一定要找这本书来看；如果你不通围棋，很遗憾，你错过了很多。

选择：逃离作死

这一讲我想劝你，千万别作死；另外我也要提醒你，作死在所难免。

“告诉我会死在哪里，我就不去那里。”这是查理·芒格（Charlie Munger）的戏语，这句话里不小心包含了真理：不作死就不会死。但是，不作死这件事，又是何其之难。

不作死难，难在作死不是作，要只是作就好办了，作就是感性失控，感性失控造成的问题，可以用提升理性来解决，难是难，有解决办法。不幸的是作死本身是理性选择。

一个蛋糕许多人分，每个人都面临选择，是一起把蛋糕做大，哪怕自己分到的比例小一点，但最终到手的蛋糕比以前多呢？还是抢着多分蛋糕，哪怕导致蛋糕整体变小呢？在一个增长的大饼里分较小的比例，在一个缩小的大饼里分较大的比例，选哪个？

先说答案。大多数人大多数时候嘴上会选前者，实际则会选后者，因为前者是形象塑造，后者才是理性选择：你不动手抢，别人会动手抢；无论别人动不动手抢，你抢都比不抢好。抢对每个人来说都是占优策略，所以每个人都抢。

这只是第一层。第二层是预见到蛋糕有很多人抢，你就会在参加做蛋糕的时候留着力气，因为要把力气用在抢蛋糕上面。

它带来两个后果：一是蛋糕会越来越小，因为做蛋糕的人越来越少；二是哪怕你只是想保持住现状，花在抢蛋糕上的力气就得越来越大，因为蛋糕越来越小，你得抢到越来越大的份额，才能保持住现状。

记住，这两条对大家都一样。于是，蛋糕越来越小，但大家打得越来越厉害。最后的极限情形是有个霸主一统天下，拿到全部蛋糕，但蛋糕的总量变成了零，所得是零。

所争者小，所费者大。纷纷蜗角争何事。这是局外人的看法。对局中人来说，每一步都是理性选择。想不作死，还真难。

如果是政府作死，就是敛财务尽。结果是天下资财都入我彀中，却不值几何，因为财富在于社会生生不息如轮转的经济活动本身。它转得动、转得好才有财富，它转得慢财富就少，不转了就什么都没有。

关于收到多少税这件事有个拉弗尔曲线。横坐标是税率，纵坐标是税收额，在曲线的两头，税收总量都是零，因为税率是零的时候，税收当然是零，而税率是 100% 的时候，税收也是零，没人干活了。除此之外，任何一个税收总量，曲线上都有两个点跟它对应，一个点对应着较低的税率，一个点对应着较高的税率，分别对应着低税率乘以高税基，高税率乘以低税基。两个点收上来的税收一样多，道理就天差地别。用学者的话来说，前者更包容，后者偏榨取。如果榨取失控的话，就会变成理性地选择榨取得越来越狠，因为越榨取，社会财富就越少，社会财富越少，那榨取的程度就得越深，因此造成的反弹冲突就越大，所以得对榨取机器投入越来越多，力度越来越大，而且越到后来力度增加的加速度越大。这个恶性循环是作死，可惜每一步都是理性的。

法国国王的督税专员说："税就像橙子，用多大力榨多少汁。"他没想到榨干的后果写在史书里。

如果身体作死，就是癌症。身体是多细胞的合作体，合作正常才有健康。有些细胞不再合作，光生长不死亡，相当于打开了自我放纵的开关，关掉了自我抑制的开关，策马狂奔，抢夺营养，以邻为壑，扩展领地。正常细胞就变成了癌细胞。在比喻的意义上，你也可以把癌细胞的扩散看作其他正常细胞转而效仿癌细胞，直到把人体榨取干净，大家一起完蛋。

如果在人际关系上作死，就是情感需求难填，吸走人际能量，最后交往的人越来越少，而对剩下那点人的需要越来越多，把自己变成情感的黑洞。君子之交淡如水才能长久。

如果组织作死，就是内耗抑制发展。内斗水平精妙无比，外战水平一塌糊涂。以前看到这种情况，我百思不得其解，何以同一个人，对内对外差别如此之大，现在明白两者互为因果。内斗精妙无比，外战才会一塌糊涂；外战一塌糊涂，内斗才需精妙无比。这是作死的宿命。

种种作死，个个理性。那你该怎么办？

如果你是决策者，那就绝不能让组织陷入作死模式。早期要消灭“癌细胞”，晚期要弃船重来。

作死这件事有两个关键点：一个是临界点，一个是终局点。所谓临界点，就是一旦越过这个界限，“癌细胞”就再不会被消灭，而将与你永远共存；所谓终局点，就是一旦越过这个界限，加速度作死，大家一起完蛋，结局已注定。

决策者必须确保组织作死不越过临界点，发现组织合作体里的“癌细胞”，得清除掉。慈不掌兵，否则“癌细胞”疯长。所谓晚期要弃船重来，是说当组织深陷作死的局面，终局不可避免时，唯一的疗法就是推倒重来。决策者自己不推倒重来，自有别人把他推倒重来。当然，当组织进入后期加速作死的时候，决策者往往是深耕多年的内部人，搞不好是一手缔造了作死模式的人，否定作死就是否定自己。如果决策者自己是“癌细胞”，那就只能祝好运。

普通人则不必这么挣扎。一是绝不要加入作死中的组织，二是发现组织陷入加速作死循环必须跳船，一定要记住，作死循环进入加速期以后是停不下来的，你不要螳臂当车。三是要明白组织难免作死，因为人总是很理性地选择作死。所以，你必须培养自己在需要时跳船的能力。要是无力跳船，明知组织进入死循环，还不得不一起作死，真是很惨。

怎么培养跳船能力呢？在另一课中，我会讲到，要做无用的事。这里简单说一下：就是不要只做局部环境中的最佳选择，对现实和当下你不能不适应，但也不要太过适应。人人都在讲要全力以赴，我则建议你要留有余地。

说了这么半天，我唯一没有对其提建议的就是“癌细胞”了。说起来，作死的也好，“癌细胞”也好，如果他们能看得长远，不难发现如果把身体和组织逼入作死模式，最后对自己并没有好处，100%归自己，也还是个零。但用这道理很难说服他们，因为在作死这条路上的每一步，他们都在赢。

有位美国最高法院法官说过，不要教育猪，你白费力气，猪还不高兴。我改造一下：不要教育“癌细胞”，自己做好准备吧。

总结一下，这一讲我告诉你别作死，教你怎么面对作死中的组织。作死这件事的可怕之处就在于它往往是理性选择。要想做到不为作死者所害，请你一定要注意两个点，就是临界点和终局点，临界点前还能清除“癌细胞”，还有得救，过了终局点，你不要做无谓的抵抗了，跳船吧。

这一讲的灵感来自《国家为什么会失败》（*Why Nations Fail*）这本书，作者德隆·阿西莫格鲁（Daron Acemoglu）是麻省理工学院的经济学教授，当今论文引用率最高的经济学家之一。本书讲的是国家为什么会失败，但其逻辑可推广到对所有失败的组织的分析。他在书里的结论是制度至关重要，我比他悲观一些：制度是很重要，但什么组织都难免作死。

加持技能

提问：问得太少你吃亏

这一讲讲提问。这世界竞争这么激烈，明显可以捡到的便宜已经很少很少，但提问就是一个。反过来说，问得太少你就吃亏了。

好在不止你吃亏，绝大多数人都吃亏，大家都问得太少。问得太少有许多原因：

——有的是太过自我，太想用自己的想法、故事、思路去说服对方。

——有的是太想用问题给对方和旁观者留下深刻印象，但这世界上哪里有那么多容易提的高级问题，想太多，于是就问得太少了。

——有的是太过小心，害怕自己的问题太过粗鲁或者太过敏感，其实你又想多了，对于被问的人，只有极少数问题是粗鲁的、敏感的，如果提问是在私下，那就更少了。

——有的是太过自信，以为自己已经知道答案，不用问了。

最关键的原因则是，一般人不知道提问的好处非常大。提问有很多好处，学习，交换信息，带来创新，增加了解，促进信任。归根结底是两件事：第一是获得信息，第二是使对方喜欢你。这一讲用不着讲获得信息这一面，好处太明显，有事你不问别人难道问自己吗？我讲提问使对方喜欢你这一面。

怎么通过提问让别人喜欢你？

现代第一个成功学大腕儿戴尔·卡耐基（Dale Carnegie）在《人性的弱点》（*How to Win Friends and Influence People*）当中给了个答案："问别人喜欢回答的问题。"卡耐基说得对，但不完整。任何时候别想太多，先提问，别人大概率都会比你提问前多喜欢你一点。

原因很简单：第一，假如其他条件不变，一个人在说话时会比不说话的时候开心一点。这个不用去翻查心理学研究著作，去看说话怎么刺激相应激素和神经递质的分泌，毕竟这世上只有越说越开心这句话，从来没听说过越沉默越开心。第二，回答问题的人觉得答问是给提问者一个好处，而人的心理是这样构造的：他对你好之后会觉得应该接着对你好，这样才自洽嘛。

提问当然不是完全不用考虑技巧，但跟周详考虑提问技巧相比，先提问是件重要得多的事。提问是个正反馈，你提问越多，才会越有提问技巧，不提问就永远没有技巧。你能在岸上学会游泳吗?

提问大体上有四种：

介绍式提问：你好吗?

镜像式提问：我很好，你呢?

转向式提问：用来开启话题转换话题时用。你怎么看贸易战?

跟进式问题：就是追问。

各种提问中，最能让对方对你有好感的就是追问。追问永远是对的。追问，说明你对沟通真有兴趣，你仔细听了，注意力集中，确实关心对方讲的内容，想知道更多。这是对于另一方最大的尊重。谁会不喜欢这种提问者多一点呢? 此外，追问还有个巨大优势，它顺着问答顺流而下，自然而然，不需要太多思考和事先准备，性价比极高。

不追问，你就等于是把免费午餐留在了桌子上。

有一种追问则要禁用。如果你不是哲学家，对方不是你的学生，那么千万不要采用苏格拉底式的追问。德尔斐神庙上面的神谕说苏格拉底是全雅典最聪明的人，苏格拉底则说自己一无所知怎么会是最聪明的人，最终他大彻大悟：自知其无知，就比所有自以为知道的人都聪明。他教育学生，达到这种自我认识境界的方法就是问答，那种“上穷碧落下黄泉”式的追问，直到学生终于认识到自己原以为所知道的本为虚妄。这本身是极好的思维训练，但如果你的目的是获得对方好感，那就完全背道而驰了。被你追问到被迫承认自己无知，正常人只会对你产生刻骨的仇恨。

那你应该如何提问呢？提问时的顺序跟场景有关。一种是从简单轻松的问题问起，然后逐步转移到相对敏感的问题。这种顺序比较适合用在合作性的环境当中，大家慢慢建立信任，反正有的是时间。另一种提问顺序是上来就问敏感问题，往往能够得到更多信息。这种问法比较适用于有一定对抗性的环境。

慢热问法很好理解，上来就问敏感问题则相当反直觉。但我做新闻工作多年，与一群中国最好的调查记者共事，我发现他们中许多人还真就是这样提问的。调查记者的工作环境都有一定的对抗性，高低而已，否则还叫什么调查。你想知道只有对方才知道的事情，对方可不一定愿意告诉你。我的调查记者同事们往往就从敏感问题开始往下问，我观察其成功率不低于使用更精妙提问法的同行。

后来我想明白了其中的道理：对方不傻，面对调查记者的提问，他知道这是对抗性情景，已经将生理心理调整到相应状态。你再跟他寒暄拉家常，套根本不存在的交情，营造一种“我们是队友”的假象，将关键问题包裹在一堆无害的问题之中去套路对方，其实是对他的不尊重，也会被他一眼看穿。将心比心，别人套路你，被你看穿了，你心里不会说别把我当弱智吗?

所以，敏感问题该问就问，上来就问，不是说别人会有问必答，无论你用什么技巧去问敏感问题，问不到答案总是常态。但跟把真实问题藏起来去套问相比，直接问的成功率更高，更节省双方的时间精力，无论对方答与不答，你们彼此都有更多的相互尊重，哪怕仅仅是职业上的相互尊重。当然了，你最好也不要把事做绝，一上来就问最最最敏感的问题，一下子就杀死对话。稍微留点余地就行。

提问的类型则跟你的目的有关。你想对方发挥思想，就多问开放式问题；你想了解具体信息，就问封闭式问题。调查记者当然是问具体问题，但如果你是采访跨国公司首席执行官，最好还是多问开放式问题，他既有高屋建瓴的思路，也有策划于密室的商战谋略，但后者不可能告诉你。要是告诉你，他就违法了。

多年来，我主持财新编辑部，面试过很多记者，其实一个人的才能大部分已经写在简历里，剩下的体现在作品里，“面试”这件事本身不是太重要，对我来说，主要是看看有没有意外，特别是负面的意外。怎么识别有没有意外呢? 我会问对方一个开放式的问题：你近来最感兴趣的新闻事件是什么？准备怎么去做报道？顺流追问，步步收窄。面试结束时，我偶尔有正面的意外，偶尔有负面的意外，不管如何自己总是有所收获。

最后换位思考，假设你是被问的一方，在竞争性 / 对抗性场合，特别是公开场合，遇到你不能回答的问题怎么办？

作为经常提问的一方，我给对面的你一个建议，下面这三种反应，按优先顺序依次做下来就行。

第一种，如果你不知道答案，就说不知道。诚实挺好的。

第二种，如果你知道答案但不能说，那么你就别回答对方的问题，并且要假装对方提出的是你巴不得他提的问题，然后回答。不论对方问的是什么，反正你说自己想说的话，不管问与答是否对得上。这个办法的发明者是美国著名的前国防部部长罗伯特 · 斯特兰奇 · 麦克纳马拉（Robert Strange McNamara）。人在场面上的记忆比金鱼还要短，混过去就混过去了。

第三种，如果你有这样的才华，那就顺着话茬讲个笑话吧，大家笑笑就过去了；如果你不确信自己有这样的才华，那就选第二种反应。千万不要自以为有讲笑话的才华，制造的却是“不管你信不信反正我信了”的车祸现场。

仅次于车祸现场的就是直接拒绝回答问题，它只会激起对方对问题本身以及对与你对抗的更大兴趣。建议你在大脑里建立一个快捷方式：每当你想直接拒绝回答问题时，则跳转到第一种和第二种反应。第三种反应慎用，第一种和第二种反应就够用了。

总结一下，这一讲我给你讲了怎么提问。你可以记得这样一个简单的原则，多问比少问好，不要担心显得不聪明，也不要过于担心让对方不舒服。问得越多，不仅你知道得越多，对方还越喜欢你。

这一讲也欢迎你分享给你的朋友，其实不管他做什么工作，多问总比少问好。

这一讲的灵感来自一篇英文研究文章，名为《提问有令人意外的力量》（The Surprising Power of Asking Questions）。感兴趣的话，你可以去读读原文。

提意见：有话好好说

这一讲，我给你讲有话好好说。

前一段时间我整理材料时翻出一张纸，是两年前我参加耶鲁世界学人项目时的一则培训指南，训练我们怎样向别人提意见，以及怎样接受别人提的意见。

光讲道理，你和我都知道应该欢迎别人向我们提意见。反馈对学习至关重要，没有反馈就不知道行为效果，也就无法校准、改正、提升。但只要回到现实，我们马上发现提意见是件难事，有多难？请回忆一下别人向你提意见时你的内心活动。

提意见的对话难，难在人们在互动中不只有学习进阶这一面需求，还有被认可、被接受的另一面需求。两者的关系很紧张。

来看看世界学人项目对提意见和接受意见的指引，双方各有七个要求，意在打造理想的反馈情境。

关于怎样提意见：

1. 提意见要事先得到对方同意。人家不想听，你就不要主动提。

2. 事先想想怎样提意见才会有效果，会给对方造成什么影响；要澄清自己的意图；你的意见要集中在对方此前言行给你带来的感受上。一句话，虽然是提意见，尽量讲自己，别讲对方。

3. 要及时，越快越好，而且最好私下提。许多话，当时不说，以后最好就别说了。

4. 对方辩解反弹的话，你要提问、聆听。这一条要看你提意见是为啥了，要是为了攻击对方的话，正好啊，他争过来，你争回去。如果真是为提意见不是为争辩的话，就好好听着吧。

5. 探索解决办法，感觉合适再提要求。

6. 下一步怎么做，要有跟进。一句话，看氛围，看感觉，感觉对了才有双方一起解决问题的事，才有跟进，如果感觉不对就先放着。

7. 谢谢对方听你提意见。这一条是基本礼仪，不论结果是合作还是互相争辩，谢谢对方你吃不了亏。

关于怎样接受意见：

1. 心胸开放，仔细听提意见的人有什么要说，别打断。

2. 继续保持心胸开放，管理好自己的情绪，努力克制，不为自己辩护。第一条和第二条是同一条。重要的事情要讲两次，因为说起来容易做起来难。完完整整听完别人对你的批评，中途不打断，确实认真听下来，请问你上次这样做是什么时候？我是不记得了。

3. 轮到你说话时，先问明白自己做了什么，对他造成了什么影响。这里的关键还是要克制为自己辩护的第一反应，搞清楚自己影响到对方什么了。不自我辩护的理由是现在谈不上谁对谁错，用不着归责，把焦点放在能说清的地方，就是对方感受到了什么。

4. 把对方意见用自己的话重新表达一遍，确认准确与否，澄清含糊之处，顺便发出自己认真听的信号。这一条特别重要，但常被忽视。往往是一方自以为讲清楚了，另一方自以为听明白了，其实两者相差十万八千里，结果双方各说各话，各竖一个稻草人当目标。哲学家丹尼尔·C. 丹尼特（Daniel C. Dennett）在《直觉泵和其他思考工具》（*Intuition Pumps and Other Tools for Thinking*）里介绍了一个更高阶但本质相同的方法：如果你还没有把对方的观点用自己的话重新讲出来，讲得比对方还好，又充分地认可了其有价值之处，那么你就没资格批评对方。反推回去看，关于提意见的对话，对学者和常人都是一样难。

5. 消化意见，聚焦对你有价值的地方，关注它能怎样使你改进提高。记住，使不使用和怎么使用这些东西，决定权在你。

6. 如果你愿意听取意见的话，制订改变计划、执行计划、跟进计划。

这两条的关键词是“决定权在你”。你愿意承认错误的话没人拦着，但你不需要认错。提意见不必然是因为谁有错，虽然“谁有错”这个问题一直藏在双方对话之中，但不要让它冒出地表。不需要认错，你才能保持冷静，客观审视对方的意见。有则改之，无则加勉。这类佳话是有前提的。

7. 谢谢对方向你提出意见。对方已经谢谢你了，不要在这一点上输给对方。

如果大家都像上面这样提意见接受意见，世界将会美好得多。

现实则很惨淡。从接受培训到今天，两年过去了，我提过意见也接受过意见，见过别人提意见也见过别人接受意见。这个美好的对话流程实现过几次?

少到不好意思告诉你。

所有提意见的对话里，说出来的好像冰山露出水面的部分，没说出来的水下部分要大得多。正因为知道水下部分的厉害，刚才讲的这套指引的核心就是搁置争议，特别是谁对谁错、责任归属的争议，转而关注能说清的部分：提意见者的感受，听取意见者确认这些感受，等等。

有话好好说，说不清的地方就先不说。

《庄子·内篇·人间世》讲了个故事，颜回要劝说国君行善，孔子问准备怎么劝。颜回说，我刚直不阿行不行？孔子说找死。颜回说，我外圆内方行不行？孔子说没用。那该怎么办？孔子说了四个字：虚而待物。就是清空自己。

孔子讲的是道理，今天我介绍的是话术，不过两者相通，面对困难对话，尽量清空自己，清空不必要的执念。

提意见这种困难的对话，表面上是一个对话，其实是三层对话。第一层是关于发生了什么的对话，有关事实；第二层是关于谁伤害了谁以及怎样伤害了谁的对话，有关感情；第三层是你把我当成什么人了的对话，有关身份和自我认知。层层都有地雷，还彼此勾连，随时跨界引发一连串爆雷。更何况，不要说感情、身份这两层对话说不清，就连有关事实的对话，重要的也不是事实本身，而是各自对事实的感知、理解。彼亦一是非，此亦一是非。

清空自己，搁置执念，就是试图把三层对话解包还原，从能处理的地方开始处理，不能处理的小心翼翼地躲开。说实在的，这已经是我见过的提意见的最佳指南了，之所以用处仍然有限，不是因为它不够高明，而是提意见太难。能按这一讲讲的话术把话说到，在大多数情境中已是最优结果，不要抱有不切实际的期望，指望都能用话术解决问题。

毕竟，我向你提意见，到底是为你好还是想黑你，恐怕你想到烧脑也判断不清，就连给你提意见的我可能也说不清。人是复合的、善于自欺的，真诚地提意见，用提意见来攻击对方，这两种动力表面上互斥，事实上则难解难分。

有人提意见是真诚地希望对方改进，有人则用于攻击；有人是真诚地听取意见，有人则只是在伺机反击。排列组合出四种情境，只有一种是彼此真诚相待。其他三种情境中，虚伪成为武器，真诚不仅天真还愚蠢。我们本应该给真诚留下空间，但因为要使自己免于受伤，于是发现虚伪是占优策略：如果无法确认对方是真诚还是虚伪，则无论对方是真诚还是虚伪，虚伪都是对自己更好的策略。对方也一样。于是双方锁定在虚伪对虚伪的囚徒困境之中。

只有彼此真诚才能将我们从困境中拔出来，但彼此真诚何其难。真诚不可能因眼下这一次意见交换的对话多么完美而生，只可能来自双方之前已然拥有的对彼此的信任。没有信任，提意见是为对方好这种话只能当作耳旁风。为我好，你配吗？为你好，我配吗？

韩非子说："凡说之难，非吾知之有以说之之难也，又非吾辩之能明吾意之难也，又非吾敢横失而能尽之难也。凡说之难，在知所说之心，可以吾说当之。”不是难在不知道，不是难在不会讲，也不是难在说不透，而是难在不知心。

读到这里，你也用不着沮丧，觉得这篇文章讲的指南最终还是没什么用。相反，它很有用。

第一，对话大多数时候不能解决问题，但对话这件事本身你还是得做好，按照这一讲讲的指南，你可以把话说到，至于对方能不能做到在你的控制之外，做不到是他的错，你做好自己能做的。如果你在这样的对话中遇到同道，恭喜，你们有了个好的开始。

第二，更重要的是，信任是世间真正的珍宝，却很容易消逝。你要是以为好朋友随便怎么提意见对方都能理解能接受，那就错了。即使彼此知心，也要精心维护，这套对话指南最适用的就是在朋友之间，一是能够用起来，二是用了有效果。想想就明白，敌人之间话术用处有限，朋友之间才是它真正的用武之地。

总结一下，这一讲我们讲了怎么提意见，就是说难听话。你要意识到，如果你想通过提意见改变对方，这基本上不可能；但如果你把目标调低，立足于把话说出来，那这套话术就适合你。

这一讲的灵感来自《高难度谈话》（*Difficult Conversations*）这本书，作者之一的道格拉斯·斯通（Douglas

Stone）在哈佛大学开谈判课多年，这本书是他的代表作。困难对话是事实、情感、身份三个层次交织在一起的对话，这个精彩洞见就出自这本书。

输出：写作进阶指南

这一讲，我来给你讲写作。

“写作是将网状的思想，通过树状的句法，在线性的文字中展开。”

对大多数人来说，写作是个工具，做到有效就行了。有效写作就是能把想明白的写清楚。它不容易，但人人都学得会，只是需要方法、纪律和训练。在我的上一个得到 App 专栏《30 天认知训练营》中的文章《怎样成为合格的写作者》里，我专门介绍过有效写作的法门——减法式写作，就是不写那些没用的。承载有效写作的文体是经典文体（classic style）。你要有兴趣的话建议去读。这一讲则讲给有更高追求的人。

在有效写作之上谈写作，最重要的是搞明白为何写作。

一、写作可以疗伤。这有临床心理学的实证支持。受过巨大创伤的人，哪怕是把自己经历过的创伤写下来，就有抚慰创伤的治疗效果，原因不明。我试着解释一下。写下创伤，受伤者须把自己放在观察者的位置，把创伤放在被观察的位置，实现自己从创伤的短暂抽离，创伤于受伤者从第一人称变成了第三人称。此外，人的心理本来也有类似免疫系统的心理机制，创伤后激活心理的自我保护，逐渐抚平伤痛，平复心情，但这需要时间，写作是度过这段时间的良伴。受伤者在笔下与自己对话，写作占据注意焦点，最终在后台的心理免疫系统被激活，疗伤生效。

如果你眼前有过不去的坎，坐下来先写吧。你会好过一点。

二、写作创造美。文字本身的音韵、传达的思想、勾画的意象、起承转合的节奏，是最精粹的人文之美。许多人被文字之美打动，转而致力于在自己笔下重现美。写作创造美这件事，至少需要十年以上的训练才能登堂入室，一旦终于跨过门槛则一往无前。获得创造能力的成本很高，而发挥创造能力的成本很低。能写作而不写作是巨大的浪费。

三、写作留下真实记录，至少是你诚心以为的真实记录。《易传》说，修辞立其诚。夫子说，古之良史，书法不隐。记录的责任不只属于历史学者，也属于每一个写作者。曾有个金融界大人物对我说，做事尽可以无所不为，写还是要写正确的东西，毕竟文章千古事。这个大人物的名声说实话比较“斑驳”。他 20 年前讲的话我记到今天，与这些年来耳闻目睹的人、事和文章比对下来，我觉得他比许多人高明不少。

四、写作是为了推动改变。改变指的是，使这个世界往你所认为善的方向多走一步，无论大小。改变可以是改变自己的看法，可以是改变别人的看法，可以是激发行动，催生变化。什么改变都可以。森林里，一片叶子从树上掉下，无人在场，它到底发出了声音没有？要我说就是没有。不想带来改变的写作就是这片叶子。

五、写作是发出成本高昂、难以伪造的信号。嘤其鸣矣，求其友声；人之求友，文字是从。信息经济学提醒我们，信号越是成本高昂，成本越是只有你付得起而其他人付不起或不愿意付，就越是难以伪造。写作的高昂成本有两个来源：一是写作需要大量训练，是难度最高的交流沟通手段；二是写作的定义就是留下文字，有记录就能回溯对比。言语出口随风而逝，字落于纸却是押定放手。今天更是如此，互联网有永恒的记忆，网络爬虫确保了这一点。

许多时候，用文字发出的信号不能从表面视之。当环境不允许直抒胸臆，写作者便发明曲笔的艺术，用文字同时承载传递与遮掩两重使命，而知音必须寻找言外之意（read between the lines）。有时，曲笔高明到无从分辨，后世只好争论不休。比如，《君主论》（*The Prince*）到底是马基雅维利对现实统治法则的真实看法，还是说只是讽刺作品？以赛亚·伯林说分不清，于是他贡献新解，为这部已经有太多的解读的经典又增加了一种角度。

古典思想大师利奥·斯特劳斯（Leo Strauss）更认为，大多数古典宗师流传至今的经典文本，都有“外门”（exoteric）和“秘宗”（esoteric）两种读法。且不说代代都有险恶环境，哪怕并不存在具体威胁，最精深的思想也总是面临着社会普遍的无形敌意。真正的大师往往要自绝于大众，只与选定的小众对话。所谓小众，指的是那些尚在求道路上的年轻人。他们中的幸运儿读透经典，穿透外门的屏障，通达本义的秘境。

疗伤，追逐美，求真，向善，寻找同路人，你为什么写作？在有效之上，写作有更高阶追求的层层境界，要打开通达这些境界的大门，始于你对这个问题的回答。

总结一下，这一讲我给你说了写作的五种目的，有人用来自我疗伤，有人创造美，有人用来记录真实，有人致力于改变，还有人用写作来寻找同道中人。你的写作应该往什么方向去提升，取决于你的目的是什么。

这一讲的灵感来自乔治·奥威尔（George Orwell）的《我为什么要写作》（*Why I Write*）一书。

奥威尔认为写作必须意在带来改变。他关于写作的几篇文章是写作者必读的珍宝，这一讲推荐的是《我为什么要写作》，其实关于写作还有其他两篇文章：《政治与英语》（Politics and the English Language）、《作家与利维坦》（Writers and Leviathan），都是杰作，推荐给你。

学习：老狗这样学新招

这一讲，我想跟你探讨一个问题，人能真正做到终身学习吗？成年以后，还能学会新东西吗？这问题对你我很关键，对得到 App 也很关键。得到 App 的口号是建立一所终身学习的大学。

然而，终身学习这件事面临着一个巨坑。嘴上谁不想终身学习呢？问题是你学得动吗？我假设听课的你是成年人。据说成年人学什么都慢，现在学习已经晚了。老狗学不了新招（You can't teach an old dog new tricks），这谚语是说谁呢？

少壮不努力，老大徒伤悲。主流的发展心理学一般认为学习有个关键期。某些复杂技能你得在某个年龄段习得，过了这个年龄窗口就关闭了，你就没戏了。想终身学习，首先就得对关键期有个说法，否则何必为难自己做不可能的事？

加里·马库斯（Gary Marcus）决定搞清楚这件事。马库斯是纽约大学心理学教授，研究方向是自然智能和人工智能。所谓自然智能就是人。他的本行就是发展心理学。发展心理学通过研究孩子来研究人类智能是怎么发展起来的。在人工智能方向，他也蛮有影响，搞了个公司卖给了 Uber（优步）。

人已中年，马库斯想实现从小的夙愿，学弹吉他。作为严谨的学者，他先查阅研究文献，发现学习关键期的说法很流行，但没有多少实验证据，而没有实验证据的原因是没有实验对象。成年以后才学乐器的人有几个呢？没有数据就没有结论。

马库斯决定自己上。自己研究自己还不行吗？

他的初始条件是这样的：

即将年满 40 岁。

迄今从未展现出任何音乐才能。

他是个教授，有学术年假，有大量时间。

除了有时间，其他全是劣势。

从这里开始，他学了一年半吉他，最终在一个音乐夏令营上跟一群孩子搭班汇报演出。水平怎么说呢？没有给孩子们丢脸。他知道自己永远也不能成为音乐家，但后面会讲到这是他自己的生理构造所致，对我们来说，最重要的是他在这段旅程中没有看到任何不可逾越的障碍，使得成年人注定不可能通过学习掌握新技能。

也就是说，那个关键的窗口期没出现。

是不是很振奋？给你介绍他的经验。

第一，乐器很难，复杂技能都这样。

乐器演奏难，难在它是记忆、感知、动作协调、肌肉控制、肌肉力量这一切的总和。演奏者的手势动作要像外科医生一样精准，速度要快，时间拿捏一点都不能错，甚至还要一心多用，各肢体以不同速度做不同动作，一手画方一手画圆。人本来不是这样长的，演化对人不可能是这样安排的，要把人变成擅长做这样别扭的事，只能靠大量反复练习，强行扭过来。

第二，正是因为音乐演奏这么难，对人来说过于别扭，所以它不可能是由先天决定的。

演奏技能不是演化而来的。大脑只是借用了许多已有的模块：关于感知的模块，关于语言的模块，关于肌肉协调的模块。演奏音乐所需要用到的大脑构造，如小脑、杏仁体、胼胝体、颞叶，进化原本给它们安排了另外的主要功能，结果被音乐给借用过来，朝着新用途重新训练这些模块，在这些模块之间搭桥，大量练习强化，直到形成不思而应的肌肉记忆。

这是个难度悖论，却对你我这样的成年人有利：

正因为演奏太难太不自然，必须大量练习才能获得高技能，所以不存在说谁有狭义上的音乐天赋，不存在一个决定你是或者不是演奏天才的基因。

我不会演奏，但我知道此时此刻自己在电脑键盘上用五笔字型打出这行字的时候，大脑并没有在拆字，手指自动就把它们打出来了。我20岁才开始学打字，进化绝对没有在哪里给我埋下一个五笔字型拆字的基因，打字的肌肉记忆来自重搭大脑中已有的各种回路，手-眼-脑搭桥，反复练习强化，最终就是我的手指好像有自己的灵魂一般。

如果音乐演奏是这样，如果打字是这样，那你想想，是不是今天所有的复杂技能都差不多？这是你我这样的成年人终身学习的福音。

第三，成年人学习新技能困难，已知的主要问题是练习量不够。

对于是不是因为人的有些模块在成年后就关闭，研究总体还是不足，但不是没有好消息。以前被认为有典型学习关键期的某些技能如语言，现在有了新研究，专家研究200万人学习语言的效果后发现，学习语言的能力随年龄平滑下降但没有明显节点。以前人们认为20岁左右是节点，20岁以后学语言跟40岁学没有两样，换言之，20岁学已经太晚了。新发现则不然，学语言仍然是越早越好，但什么时候学习都不晚。成年人学语言也能学到母语水平，就只有发音差点火候。

马库斯自己认为，成人的困难在于记忆力下降，专注力下降，从而影响了练习的数量。孩子比成人擅长学习不是因为学得快，而是因为孩子更坚持，练习量更大。最终决定学习速度快慢的是练习量。孩子不仅手指更灵巧，更重要的是比成人更有耐心，练得多。

好在成人不是一败涂地。我们吃过的盐比孩子们吃过的饭都多，几十年时间养成了大量默会知识，抽象能力也增强，我们能更理性更有意识地优化学习方法。

第四，存在通用学习方法。

新技能存在通用的学习方法，就是先分解步骤再组块，分成三步：

首先，将复杂技能细分解为难度适宜的多个步骤；

其次，单个步骤反复练习，直到实现肌肉记忆；

再次，将各个步骤重新组块，变成大一级的单元，在单元的层次上反复练习。

先层层拆解，再层层组合，反复迭代，直到掌握复杂技能整体；过程中使用刻意练习法，发现缺点，对缺点做针对性练习，同样是反复迭代，直到消除所有缺点。

成人有两点特殊性，一是成人记忆力下降，分解必须更充分，分解到更细小的步骤。小朋友是一步一步地来，成人只能一小步一小步地来。二是成人专注度下降，必须严格自我管理：选择最有利于保持专注的环境，安排精力最饱满的时间，等等。孩子用不着这些，他们兴趣多元，随时转移，但每一刻都像激光一样聚焦在正在做的那件事上。我们都曾经那么强大过，现在得认清现实，管好自己，才能尽可能多地重回沉浸式学习状态，缩小与小朋友的学习力差距。

第五，好老师是这样的——

提供所需知识：知识当然是多比少好，但在一定程度上，知识多一点少一点倒不是最重要的。

提供激励：大棒与胡萝卜并用，进步时鼓励，犯错时提醒。

提供进阶的结构：你现在是什么程度，应该学什么，下一步学什么，他得心中很有数。

提供针对缺点的解决方案：发现你的缺点，提出针对性解决方案，这是老师最重要的地方。

如果你的老师符合上面这几条，恭喜你找到了好老师。

第六，广义的天赋仍然存在。

前面我们说了，没有音乐演奏的基因，也没有打五笔字型的基因，人类的复杂技能都不存在对应的特定基因。复杂技能大都出现在人类定居以后，到现在也就一万年左右，来不及进化。但是，没有特定技能的基因不意味着天赋这件事不存在。以音乐演奏为例，它借用了感知、语言、记忆、声音这些功能所涉及的大脑回路，后者间接对应着特定的基因组合，它们间接影响着你学习音乐演奏的能力。

马库斯终于发现自己为什么一直缺少音乐才能。他从小就不玩秋千，也不喜欢睡摇篮，他晕车，更晕过山车，因为他的耳前庭系统有问题，而耳前庭与节奏感知密切相关。马库斯的节奏感不行。

人与人确实不同，但不是我们以为的那样简单地不同。有天赋使一些人能够更快地掌握音乐，缺少天赋使另外一些人，如马库斯，走到同样的地方需要付出更多的努力，但马库斯还是走到了这个地方。

无论学习什么技能，没发现有什么东西注定我们已经太晚。至于掌握之上你还能走多远，看你的造化。

不试试你怎么知道呢?

总结一下，年龄并不是学习的限制，只要你想学，什么时候都不晚。这句话听起来平常，但可能在人生的某个时刻激励你。

这一讲的灵感来自马库斯的《吉他英雄》(*Guitar Zero*)一书。这本书是马库斯人到中年从头学吉他的实录，以及作为研究者对成年人学习复杂技能的第一手观察和思考。

选择：做点无用的事

这一讲，我要劝你，做无用的事。

一个人不能只做有用的事，这跟现实不现实、势利不势利无关。不能只做有用的事，这是人生多元化的关键策略。它关系到你现在的资源分配、未来的生死存亡。

只做特别有用的事，效率爆表，没有一丝浪费，貌似完美，但事事有用，用术语来讲，就是跟过去与现在过度拟合（overfit），后果是特别适应当下的。好处是你在当下如鱼得水，坏处则是我们其实都是面向未来而活，过度拟合过去与现在带来两个问题，个个都致命。

第一个问题，你是局部最优但远不是全局最优。

什么是局部最优？什么是全局最优？

假设身处群山之中，站到众峰之巅的人是胜利者，那制胜的策略是不是一个劲地拼命往上爬？其实不然。山峰很多，有高有低，如果你只从现在所处的地方往上爬，那么，经过努力和幸运，你爬到峰顶，但在峰顶一看，更有高峰在别处。所谓局部最优，就是你爬上了你身处的那个山峰；所谓全局最优，就是光在这座山峰往上爬并不能爬到最高的山峰。山有群峰，大环境中有多重小环境，局部最优通常是全局最优的敌人。

局部最优还好，至少你在这个局部还是最优。只做有用的事，跟当下过度拟合，会给你带来严重得多的第二个问题。

第二个问题，一切都已朝向当下最大优化，你就没留余地。环境风吹草动，你受冲击；变化稍大一点，你直接就死了。许多企业出现经营压力就裁员增效，说起来振振有词，砍的都是冗员，细看确实是，以为他们说得有理。其实，裁减冗员就已经输了。你看今天的 Google（谷歌），说起来有多少冗员。下金蛋的搜索和广告业务之外，看看他们做了多少无用的事。有人列出了 Google 这些年投过巨资然后最终放弃的业务，商标加起来要一面墙才放得下，还没算上 Google 现在投的。

有余地是已经成功的标志，也是下一个成功的凭借。往前想想，未来十年的变化比过去十年的变化会变大还是变小？无论组织还是个人，小则保有元气，大则为将来播种，都要做点无用的事。

不能只做有用的事，那么该做哪些无用的事？

第一，多与他人交流，它是新意之源，交流本身比交流的内容更重要。只是人与人不同。只讲我自己，一对多、多对多这些形式越来越乏味，而一对一交流则多多益善，漫谈胜过目的明确。此时能见度这么低，没人知道未来会怎么样，有启发就行了。

第二，做你能做很久的事。做很久的事情就不必急。这带来两重考虑。首先是日拱一卒，功不唐捐，这些道理都对；然后，支撑你把这件事长久做下去必须有个对你自己来说重要的理由。了解你自己，那些符合你兴趣和禀赋的事情，才能做得长久。人不能完全不勉强自己，否则怎么进步，但那些必须勉强自己太长时间的事，还是不要勉强的好。

第三，留出整块时间用于创造，做那些在过程中给你带来多巴胺、完成后产生成就感的事。日常忙碌的大多数事情，当时急如星火，事后看了无意义。彼得·德鲁克说，被压力推动日程，后果就是关注过去胜过未来，关注内部胜过外部，关注小事胜过方向。留出整块时间的关键词是“整”而不是“多”，我们反正不会有太多时间，“整”就还可为。从效率角度看，碎片时间之和小于完整时间，$1+1<2$。

第四，做那些时间能帮你解决问题的事。其实就是两种事：一是经得起时间考验的事，二是时间会带来复利的事。

只要你做着这两种事，那就没有什么别的烦恼是等一天解决不了的；如果有，那就等一星期，如果还有，就等一个月、一年。重要的事情往往不是你我去正面强攻能解决的，而是水到渠成，迎刃而解。时间帮你解决掉它们。

做无用的事，另外一种表述是“最好是好的敌人（the best is the enemy of the good）”，出自伏尔泰，极度追求不如适可而止。在诺贝尔奖得主赫伯特·亚历山大·西蒙（Herbert Alexander Simon）那里，他把它系统化作 Satisficing 理论，Satisficing 是西蒙生造的词，由 satisfy（满意）和 suffice（足够）拼接而来，我姑且把它译作“够好就行”。

“够好就行”理论认为人解决问题时是这样的：拥有有限理性，借用大拇指法则，做启发式搜索“够好就行”的行动方向。它有三个模块，我一个个来解释。

第一，人是理性的，但人的理性又是有限的。注意力、记忆力、理解力以及人际沟通的能力都是有限的，这注定我们无法做最优化的决策。西蒙认为我们就应该放弃最优化任何事情的企图。

第二，人用大拇指法则做启发式（heuristic）搜索。“heuristic”这个词源自“eureka”，传说阿基米德（Archimedes）在澡盆里发现浮力作用时喊出了这个词。阿基米德肯定不是在做穷举式最优化搜索，而是澡盆提供线索，他灵机一动找到解决方案。西蒙认为，不光阿基米德，也不光科学家，我们所有人解决所有问题，本质上都要靠外界启发下的灵机一动。

第三，搜寻不是无止境的，够好就停下来。围棋大师吴清源回忆他与同门师兄木谷实在棋上的不同道路。面对棋枰，几十种变化，木谷实从最不可能成立的那种变化算起，把所见的所有选择算完，择优选择，我们今天看应该算是人肉版的最优化决策。吴清源不是这样，他从最有可能成立的那个变化算起，如果算出来自己形势好，就停下计算落子，不再考虑别的变化。他是够好就行。两个人下棋，木谷实沉重，吴清源轻松，谁占上风？尽管木谷实全力以赴，仍然被吴清源在十番棋里打落尘埃，降级下台。人脑不能当电脑来用。

西蒙是20世纪的伟大学者中跨界非常多的那位，他是研究管理学出身，却创建了今天美国排名靠前的卡耐基－梅隆大学计算机系，成为人工智能的开创者之一，然后转进心理学，研究人类认知，最后得的却是诺贝尔经济学奖。把他一生的学术连接在一起的，就是研究人实际上怎样做决策。金线连在一起，得出结论：够好就行。

"够好就行"跟我们今天讲的做无用的事有什么关系？

"够好就行"总是针对一个目标。对吴清源来说，达到目标就停止计算落下棋子；对我们来说，达到目标，我们就放缓搜寻，把资源放到别处。西蒙说最优化是不可企及的，人没有这能力；我们再往前一步说，正因如此，追求最优化往往还是不可取的。面对人生大棋局，我们最好还是设定够好的目标，达到就停下来，其余精力能力拿来做点无用的事，拥抱自己，静待天命。

如果你也是这个态度的话，最后提醒你一下，要避开一组陷阱。

有些时候，有些地方，我们必须全力以赴，不留余地，力争最优，因为次优就是失败。比如百米短跑，世界冠军与第二名之间只差 0.01 秒，有何实质区别？然而只有冠军收获名利，第二名被人遗忘。体育、艺术、战争等是赢家通吃、一将功成万骨枯的竞争。要玩这些，够好是不行的，差一丝都不行，差一丝就立刻失败，没有机会考虑将来怎么避免失败。环境越是赢家通吃，你越没有条件为应对环境变化留下余地。环境随时翻脸将你打倒，你明知这些，但身在局中，还是只能跟庄。

如果你是“够好就行”，早早识别那些赢家通吃的游戏，躲着他们。

总结一下，这一讲，我告诉你两件事：第一件，你要做看起来对当下无用但又有价值的事，这会增加你应对未来变化的能力。第二件，我教给了你一种决策逻辑——“够好就行”。

这一讲的灵感来自西蒙的自传《科学迷宫里的顽童与大师：赫伯特·西蒙自传》（*Models of My Life : the Remarkable Autobiography of the Nobel Prize Winning Social Scientist and Father of Artificial Intelligence*），推荐给你。

打磨思维

锯箭思维：治标是智慧

这一讲，我要跟你讨论的是一种思维方式，无妨锯箭。听起来比较难理解，听我一点点来给你讲解。

市场无法把握，社会难以测量，人心不能洞察。我们孤零零一个人面对这些“无涯”，怎么办?

“吾生也有涯，而知也无涯；以有涯随无涯，殆已。”死定了。唯一的办法就是以有涯随有涯。在无涯中寻找有涯，从无限中刻画出有限，与自己的有限相匹配。这样才能有点机会。

有点太抽象了。我具体讲件事，怎么从市场上挣钱。

从市场上挣钱，谈何容易！都说股市里是“七亏二平一赚”，那还是普通年景。往大里说，股票价格指数向何处去?何时是拐点?底在何处?顶在何处?谁真的知道?往小里说，一家企业的兴起衰亡之机，谁真能掌握?答案比问题简单，才叫好答案。上面这些问题的答案，都比问题本身更复杂。就算你穷尽了所有相关信息，答案也不会因此浮现，它还是藏在所有信息无穷无尽地相互作用之中，最终选择以自己的方式呈现出来。

绝大多数人应该做的理性选择是跟随，放弃择时和择股，择时就是选择时机低买高卖，择股就是选择自己看好的股票。择时和择股都是自以为知道。但绝大多数人不会知道一家企业的兴衰会是什么样，更不知道它的兴衰是不是已经充分反映到股价上了，所以他们不应该选股，而应该买股指投资整个市场；他们不会知道现在的价格是高还是低，所以他们也不该有低买高卖的企图，而是做长期投资，最理想的状态是永远待在市场里面。市场好，他们也好；市场不好，他们也不好。从 20 世纪以来的一百多年看，大多数国家股市长期是向上的。没有什么可以保证股市未来也一定好，只是它过去多少年都如此，因此人们愿意把自己的财运与市场绑定，与“市”沉浮。

与市（场）沉浮，也与（时）世沉浮，因为拿到市场和人世间的平均值就不错了。人世间的各种分配最后都表现为金字塔形：最底层的人最多，大多数人都在平均值以下，能拿到平均值你已经至少是不输了。不输当赢。

极少数人另做选择：他们也承认自己不知道市场 / 股价会往哪个方向走，但他们觉得自己知道另外一些事。

就有这么一个人，阿尔弗雷德·温斯洛·琼斯（Alfred Winslow Jones），说起来，他是我的同行，他曾在《财富》杂志当记者，二战结束后几年，他在49岁马上到知天命的年纪才下海做投资。他是有业绩记录的进行配对交易的投资人。

什么叫配对交易呢?

如果你买通用汽车公司的股票，意味着许多事情：你看好世界经济，你看好美国经济，你看好汽车业，而在汽车业中你看好通用汽车公司。如果上面这些层次彼此方向还不一致，比如世界经济不好但美国经济好，或者美国经济不好但汽车业好，或者汽车业不好但通用汽车公司好，还得判断不同方向的力量大小，综合权衡。想想都头大。

但是，如果你买入通用汽车公司的股票，卖空福特汽车公司的股票，买入与卖空配对，就不用考虑这么多层次的复杂因素了。这就是配对交易的好处。世界经济、美国经济、美国汽车业等因素都是通用汽车公司和福特汽车公司共有的，直接抵消。你只需要考虑一个因素：通用汽车公司和福特汽车公司哪家公司经营得比对方好。这个问题也不易，但比单买通用汽车公司要考虑的问题简单多了，进入了人类能力的“射程”。

配对交易就是最基本的对冲策略，琼斯是公认的“对冲基金之父”。对冲就是投资人从市场的无涯中找到有涯，从无限中刻画出有限，与自己的有限知识和能力相匹配。对冲不是把一切风险都对冲掉，而是对冲掉那些你不想要的风险，只剩下你想要的风险。你不需要知道市场往哪个方向走，只需要知道通用汽车公司和福特汽车公司到底谁更好。

每次谈起对冲，我就会想起一个词，锯箭法。这个词来自李宗吾的《厚黑学》：有人中了箭，请外科医生治疗，医生将箭杆锯下就了事。那个人问医生为什么不把箭头取出？医生说：那是内科的事，你去看内科好了。

说起来是个笑话，但你想想，许多时候医生就是这么看病的，对不对？好多次听到医生对我说对症治疗，最后我终于忍不住问“对症治疗”是什么意思，一位好心的医生告诉我，就是对症状治疗的意思，针对症状用药，减轻症状。至于造成症状的内因，要么是不知道，要么是即使知道也没什么好办法。对症治疗岂不就是锯箭法？锯箭法治标不治本，把露在外面看得见、能下手的箭杆锯掉，里面看不见的箭头随它去。表面症状得到缓解，至于疾病，交给时间和命运。

对冲也是锯箭法。大千世界深不可测，好在总有一些确信度比较高的东西升到表层。它们往往来自比较、配对。比如说，你要是问我孙杨下次能不能突破自由泳世界纪录，这个怎么说得清呢，但我确信他在任何一场比赛中都比我游得快。这个世界绝大多数的高确定性知识是相对的，来自比较，而不来自事情本身。如果能找到恰当的工具，精确地表达出这个比较关系，从而过滤掉我们对其一无所知的其他因素，就是对冲。

选择做什么对冲是你对真实世界的特定看法在金融世界里的投射和表达。比如说，单独讲怎么配置资产，大多数人都比较茫然，但如果结合他们自己的收入周期来考虑，路线就清楚多了。年轻时多配股，年纪大了多配债；工作稳定要多配股，工作不稳定要多配债；等等。无论是规划投资，还是规划人生，你都用得上锯箭法。

使用锯箭法，我有两点提醒：

首先，必须做到多元视角跟集中聚焦视角兼备。一方面，多元视角产生比较，比较带来对冲机会。另一方面，对冲机会只有在聚焦中才能兑现。你放弃掌握不可掌握的整体，对可掌握的局部则要深切掌握。搞不明白的随它去，能搞明白的一定要搞得比别人都明白。你要是买通用汽车公司的股票卖福特汽车公司的股票，那得确实是通用汽车公司比福特汽车公司管得好才行，否则你不过是犯下了一个精确的错误，还不如模糊的正确呢。

其次，永远不要忘了里面还有个你不了解的箭头。我们确信度很高的那些对冲策略、人生规划，说到底只是针对外面的箭杆，如果锯箭有用那就继续锯，本来也没有更好的办法，只是千万别锯着锯着就得意忘形，忘掉了里面还有个箭头。投资历史上有许多人，锯箭有了成绩，于是宣布箭头不存在，最后死在箭头上。

总结一下，这一讲，我给你介绍了一种思维方式——锯箭法；给你介绍了一种锯箭法的应用——对冲。管不了的我们可以选择不管，聚焦在我们能管的那一部分。这个方法能帮你缓解眼前的问题，只要你别忘了问题还在就行。

这一讲的灵感来自塞巴斯蒂安·马拉比（Sebastian Mallaby）的书《富可敌国》（*More Money than God*）。这本书是关于对冲基金的最好的一部全景式介绍著作，想要进一步了解可以找来读。

逆向思维：逆行者必备清单

这一讲，讲逆向思维。学习逆向思考，最好的学习对象是那些“做空”的人。

所谓“做空”（short），跟“做多”（long）正好相反。“做多”是低买高卖，赚上涨的差价。“做空”是高卖低买。做空者是先借股票卖出，等股价下跌了再买回还掉，赚下跌的差价。

“做空”不是我们在上一讲“锯箭法”里提到的配对交易。配对交易的本质是对冲风险。过滤掉不想要的风险，只拥抱自己看得准的风险。比如说，“做多”通用汽车公司同时“做空”福特汽车公司，就是配对交易，过滤掉宏观风险、行业风险，只留下这两家企业哪家管理得更好的风险。

真正的做空者，不是“做多”“做空”两条腿走路，而是只有“做空”一条腿，就要用这条腿来挣钱的人。他们必然是真正的逆向投资者（contrarian investor）。别人热情洋溢地买上去，他们一瓢冷水泼下来。

“做空”要付出的代价是风险没有上限。“做多”的最大收益是不封顶，最大损失是本金。“做空”则反过来，股价最低也就是到零，最大收益是卖掉时的价格，最大损失则不封顶，赌错方向很惨。倾家荡产的人当中，“做空”失败被轧的人比较多。

所以，偶尔“做空”的人多，专门“做空”的人少，而专门“做空”又长期不衰的人则少之又少，其中最负盛名的是詹姆斯·查诺斯（James Chanos），他创建的 Kynikos Associates（尼克斯联合基金公司）一直专注“做空”。Kynikos 是希腊语单词，对应的英语单词是 Cynic，词源出自古希腊犬儒学派，他们愤世嫉俗，怀疑世俗价值。你可以想象能用 Cynic 给自己基金起名的是个什么人。别人寻找价值，他专门寻找负价值。

愤世嫉俗的人很多，绝大多数止于此，用愤世嫉俗来持续挣钱的人，就是查诺斯了。他在世纪之交因为做空安然公司一战成名，安然这家当时美国最耀眼的上市公司轰然倒地。以后十来年时间，市场从牛市到熊市，再回到牛市，查诺斯始终屹立不倒，英国《金融时报》称他是当今世上最成功的做空者。

查诺斯出身学院派，近年重回母校耶鲁大学开课，讲怎么识别金融作弊，这是做空者的必修技能。我曾听过一节课。

当时的耶鲁大学校长理查德·查尔斯·莱文（Richard Charles Levin）事前开玩笑问他一句：你教的是怎么发现而不是怎么作弊对吧?

“做空”之路是条荆棘路。竞技场对做空者来说是不公平的。股市从长期看是持续向上的，专注做空者等于是抱石头上山，不是完全不可能，就是十分劳累，比推石头下山的人累得多。这种事就连美国市场在2008年的时候都做过，别的地方更不用说。

做空者绝大多数时候都处于逆境之中，查诺斯长期“做空”，始终幸存，这需要两重智慧：既要坚持逆向思考，还要能活下来。

逆向思考要先找准对象。找准对象的依据不能仅看价格是不是过高。不是说“价格高的时候，你觉得会跌”，这就是逆向思考。查诺斯绝不仅仅因为觉得一家公司股价过高就“做空”。股价高有很多原因，不管是因为什么看好，看好的人继续看好的时间，完全可能超过你“做空”能坚持的时间。“做空”必须是公司基本面出了大问题，经营出了大漏洞。

他筛选目标有个范围：

第一，在好日子里杠杆加得太猛的。周期永恒，有繁荣就有衰退，而周期总是与杠杆伸缩密切相关。在好日子里杠杆加得太猛的，在坏日子里会被杠杆所伤，变成猎物。欠钱太多总要还的。

第二，被新技术碾压的上一轮赢家。互联网是财富制造机，但查诺斯不是去关注它在哪里制造财富，而是去关注它会消灭哪些财富：哪些商业模式会过时，哪些护城河会被填平。对于约瑟夫·阿洛伊斯·熊彼特（Joseph Alois Schumpeter）说的毁灭式创造，查诺斯专注搞懂毁灭那部分。

第三，"一招鲜"公司。无论什么时候，总是有人拿出一件产品，迅速引爆市场，使所有人为之激动。人在激动的时候就线性外推：如果产品照这个势头占领全市场，如果能持续推出同样的爆款产品，等等。现实通常与线性假设相反。"一招鲜"公司很多，流行一变就凉了。想想游戏公司。

第四，增长来自收购的平台型公司。如果增长不是内生的，而是来自外部收购，查诺斯会倍加注意。这是块特别丰厚、可反复开垦的领地。美国资本市场上每过一二十年就重新流行一次收购增长的主题曲。中国股市对它也不陌生，还记得前两年创业板的收购驱动型泡沫吗？收购增长的主题曲总会伴随着"财技"这个关键词。增长很难，你得一切都做对，收购则只要有钱就行。太容易的事大家都做，出价就会变得太高。出价高又要买来的"增长"显得物有所值，羊毛总要出在什么地方，最后往往要在财务报表上做手脚。这就是"财技"的两面：收购时的融资安排，还有收购以后的财务"马杀鸡”。什么时候你听到大家都在说这个词，就要特别小心了。查诺斯最喜欢看到有公司提拔会计做首席执行官，这就是新目标。

发现目标用逆向思维就行，而针对目标则要采取行动，首先要考虑的是：先能够活下来。查诺斯认为不要指望时机恰到好处。首先是这本身就很难，至少不可能稳定地反复精准掐到点；其次是时机真的恰到好处时，那也意味着所有人都看到了机会，借股票的利息必然飙升，“做空”反而不划算。现实中的“做空”总是看起来偏早。你不要想着怎么校准时机，而是要想着怎么在行动偏早的情况下还能活下来。

正因如此，做空者是真正的阿尔法交易者，就是凭本事挣交易对手的钱而不是随大溜挣市场的钱的人。时间不在做空者一边。借股票要付利息，时间意味着成本，“做空”花的时间越长，成本越高；空间也不在做空者这一边。股市走势长期而言是向上的，做空者总的来说是逆势而为。既要择时，又要择股，“做空”必须要经得起更严格的智识检测，且容错率更低。

查诺斯犯过大错。他在上一轮互联网热潮中“做空”美国在线服务公司太早，他在 2 美元至 4 美元一股时“做空”，结果股价又涨了数十倍。之所以这次“做空”失败没有将他一击致命，是因为多元化策略保护了他。他的“做空”组合中往往同时会有 50 个以上目标公司，任何一宗交易占的比例一般不超过 4%。美国在线服务公司这宗交易占的比例是 1% 左右，虽然亏损累累，拖累基金数年整体表现，但好歹还能活下来。

他在美国在线服务公司上又犯下第二个错误。美国在线服务公司创纪录收购了时代华纳公司，随后时代华纳公司股价继续上涨。事后看，这是更好的“做空”机会：股价更高了，另外也不会再有别人来收购它了。但是查诺斯下不去手。一朝被蛇咬，在被咬的地方原地站好加注，对人来说太难了，哪怕是对查诺斯这样超级理性的人也是一样。

所有人要成功都得经历顺境逆境，但做空者要获得成功，必须身处逆境仍旧保持泰然，因为他们处于逆境的时间更多，而逆境带来的持续后果更严重。除了任何时刻都不能忘记多元化策略，他还得做到这些：

第一，你必须坚信自己是对的。大多数人在大多数时候都会跟你说你错了，你得能隔离噪声，保持自信。

第二，自信的前提是你的看法确实是对的，这需要做比别人更深入、质量更高的研究，看得更深更透。如果你确实是错的，那么自信直接通向灭亡。

第三，选择绝对理性，与人性的大幅波动保持距离，不去追逐那些因为许多人追逐所以价格上涨的东西。这事其实有人是能做成的，比如乔治·索罗斯（George Soros），他跟随泡沫，然后在转折点反手一击。查诺斯不做这事。最优秀的投资者各取一瓢饮，查诺斯取这一瓢。

第四，相信常识。相信树长不到天上去，相信“财技”改变不了经营，相信假的总会现形，相信癫狂总会回归理性。

查诺斯始终是少数派。这种人坚持原则，毫不动摇，始终逆行，他们中的绝大多数人粉身碎骨，而极少数人最终获得幸运女神的垂青。

查诺斯说：“跌到零的股票我见得多了，涨到无限的股票我一只也没见过。”

逆行者就得这样自信。

总结一下，这一讲我们说了逆向思考，跟大多数人想法不一样，跟大多数人对着干是件危险的事情。如果你想要逆行，必须要精心地选择。查诺斯告诉我们，大多数人追捧的东西中，哪一些是最经不起时间考验，最适合逆行的。

这一讲的灵感来自《有效地无效》(*Efficiently Inefficient*)，作者是AQR资本管理公司合伙人拉塞·佩德森(Lasse Pedersen)。市场时常出现定价错误，而这本书就致力于发现市场错价并从中获利。这本书的第一部分讲的是对主要大类资产及主流策略的分析，第二部分讲的是与采取各种主要策略的传奇投资人的访谈，推荐他对查诺斯的访谈，其他人的访谈也值得一读。

分阶思维：螳螂捕蝉，黄雀在后

这一讲，我们谈分阶思维，思维可以分成多个层级。讲这个道理能举的最好例子就是捡钱。

看到地上有 100 块钱，你伸手去捡。这是一阶思维（first-order thinking），发现机会就行动。大多数人都这样。

但是，如果你养成了二阶思维（second-order thinking），就会多想一层：慢着，如果地上的真是 100 块钱，早该被人捡走了，所以，它不会是钱，所以，我不要浪费时间，视而不见继续走路才是正确的。

经典经济学就是典型的二阶思维。这既是它最强大的地方，也是它最招人批评之处。它假设别人不会傻到有钱不捡，所以聪明地替自己省下了捡钱的工夫。它认为市场总是有效的，因为价格已经反映了所有能影响价格的信息。世上没有免费的午餐，地上没有白捡的钱。

二阶思维很高明，但有时高明得有点犯傻。如果地上真躺着 100 块钱，放着钱不捡就是犯傻。二阶思维犯傻是因为它过度依赖一个前提：别人都是一阶思维。跟二阶思维相比，一阶思维既没有傻到零阶思维，就是地上有钱也看不见，什么机会都发现不了，也没有高明到意识到大家都能发现钱，所以钱在那里必有古怪。地上有没有白捡的钱，市场有效还是无效，跟绝大多数玩家是什么思维关系很大。

诺贝尔经济学奖得主约瑟夫·斯蒂格利茨（Joseph Stiglitz）在一篇经典论文里解决了这个问题：如果大家都认为市场是有效的，那么市场将不再有效；反过来，如果大家都认为市场不再有效，那么它将变得有效。

道理是这样的：市场不是自然而然就有效的，需要人们努力获得信息，处理信息，根据信息去套利，付出成本获得收益。这样做的人越多，市场就越有效。而当越多人相信市场有效时，就越少人付出成本去套利，出现套利机会没人来套利的可能性就越大，市场的有效性就越靠不住。反过来说，当市场被公认失效，就会有许多人付出成本去套利，套利的人越多，市场的无效性就变得越低，也就是说市场变得越有效。

这段话很绕，我再换个形象的方式跟你解释。

在斯蒂格利茨这里，已经出现了三阶思维。

零阶思维：地上没钱，因为有钱他也看不到。

一阶思维：地上有钱，因为别人都是零阶思维。

二阶思维：地上没钱，因为别人都是一阶思维。

三阶思维：地上有钱，因为别人都是二阶思维。

一阶一阶地上升，很像电影《盗梦空间》(*Inception*)，一层层地穿透梦境，最后似梦似真。地上到底是有钱还是没钱？高阶思维比低阶思维想得深，说起来更高明，但是不是更能捡钱？

不好说，答案不确定，但思考这个问题本身极为重要。站在当下面向未来，要想拿出能捡到钱的策略，首先，你必须具备多阶思维的能力；其次，你每次启用第几阶思维，取决于你对其他人思维在哪一阶的了解。

假如说你要判断股市是否触底。

首先，你必须有能力同时在这几阶思维上展开思考：

一阶思维：了解影响股市走势的各种实质信息，包括大国关系好坏、宏观经济走势、行业变化、企业管理、企业家能力。所有这些都实质性地影响股价。

二阶思维：一阶思维涉及的信息是否已经被市场充分消化？

三阶思维：二阶思维所涉及的信息反过来是否已经被市场充分消化？

然后，你得了解其他玩家在哪一阶上，是一阶思维还是二阶思维。

这正是市场玩家们特别关心同行预期的原因。这可不是为了学习照搬模仿，而是为了把握对方的思维阶次。做投资必须要去人多的地方。巴菲特不去人多的地方，那是他打法特殊。正常人做投资必须得去人多的地方，不一定是去追风口随大溜，而是待在人多的地方，你才知道别人对信息的处理是在哪个阶次，相应地确定自己应该调整到哪个阶次。做投资的人不放过任何一次 party 的机会，不仅是因为他们是 party“动物”，也不仅是因为需要交流一阶信息，更重要的是为了假装交流一阶信息，而借机打量对方对一阶信息了解到多少，消化到哪一步，从而感受把握市场整体的思维阶次。如果大家都在零阶，那你一阶就够了，这是阿尔法交易者的入门打法。如果大家都在一阶，那你就转到二阶，这是贝塔投资者的选择。如果大家都到了二阶，这时你倒可以看看市场上有没有超额收益的机会，这是阿尔法交易者的进阶打法。

最近金融界常说的话，我用思维阶次给你重新解释一下：

“大家都预见得到的危机就不会发生。”

它对应的是二阶思维。大家都预见到了危机，那么危机就已经被消化掉了。

其实未必总是如此，要不然就没有“灰犀牛”这个词了，

“灰犀牛”就是人人都预见得到，但还眼睁睁看着它发生的那些事。为什么会这样呢？因为大家都太聪明，都已经启用了二阶思维想问题，相信都预见得到的危机不会发生。

懂得思维分阶的道理，我有三点提示：

第一，思维阶次理论上可以无限上升，实际上是三阶以上大脑会热到爆炸，揣摩人揣摩到三阶就足够了。

第二，用大拇指原则也就是用经验来估计的话，现实中，在大多数时候、大多数地方、大多数问题上，人们在零阶和一阶，所以对聪明人来说，二阶思维比较重要。能叫作聪明人当然是被默认已经有一阶思维了，但二阶思维还需要养成并固化成肌肉反应。用一阶思维寻找机会，用二阶思维验证危机是否已被同行消化，大体上就够用了，但千万不要忘了上面还有三阶思维，在聪明人太扎堆的地方，你总有用得到三阶思维的时候。

第三，高阶思维和低阶思维可能驱动表面上同样的行为。一阶思维去捡钱，三阶思维多想了两圈还是去捡钱；零阶思维不去捡，二阶思维也不去捡。我们很难从行为去倒推别人是聪明还是愚钝。就像常常有人说市场愚蠢，我想来想去觉得这话不对，现在终于想明白怎么说才对了：市场不是零阶意义上的愚蠢，它是二阶意义上的愚蠢，只是我们看不出它是零阶还是二阶而已。

这一讲从捡钱开始，也让它以捡钱结束。

诺贝尔经济学奖得主罗伯特·席勒（Robert Shiller）跟我讲过他捡钱的故事。他在纽约大街上走着，看见地上有 20 美元钞票。作为经济学家，席勒的第一反应是标准的二阶思维：这里是纽约，所有人都是精猴，绝不会把 20 美元留在街上不捡，所以这不可能是 20 美元，我应该继续走自己的路。但作为获得过诺贝尔奖的经济学家，席勒的第二反应是三阶思维。这里可是纽约，搞不好所有人都高明到了二阶思维，所以都不捡，没人捡的话这 20 美元就有可能是真的。于是，席勒停下脚步弯下腰，就在手要碰到钞票的那一瞬间，钞票飞走了——原来是有人恶作剧，在钞票上绑了线。

就算我们机关算尽，终究还有造化弄人。

总结一下，这一讲，我们讲了分阶思维，每个人对一件事情的判断和思考都是分阶次的，关键在于你要搞清楚与你一起博弈的其他玩家都处在哪一阶次，你只需要比他们高一阶次就好了。但是呢，在你真的搞清楚别人在哪个阶次之前，不要轻易认为别人愚蠢。你以为别人比你低一阶，搞不好是反过来你比别人低一阶。

这一讲的灵感来自《领导人怎么思考》（*How Statesmen Think*），作者是国际关系领域的大学者罗伯特·杰维斯

（Robert Jervis）。这本书是讲国际政治的，也就是讲各国领导人是怎么猜度对方的。其实也适用于我们在市场上和生活中的互相猜度。

行动思维：如何聚焦

这一讲为你介绍一个给行动派的指南。我这样的人，观察很多，思考不少，可是行动还不够。这一讲要介绍的打法，像激光一样聚焦于行动，根据行动来组织思考，寻找信息，对我很有触动，介绍给你。

这个打法出自爱德华·索普（Edward Thorp）。他有这个资格：他出身学院派，靠算牌战胜了拉斯维加斯赌场，然后转战另一个“赌场”——华尔街，他自己摸索出了衍生品定价方法，跟后来拿到诺贝尔经济学奖的“布莱克－斯科尔斯”期权定价公式一样。不同的是，他没有去发论文，虽然错过了诺贝尔奖，但是他用它创建了当代第一个量化对冲基金，多年间战胜了华尔街，赚了很多钱。从拉斯维加斯和华尔街这两个世界上最大的财富陷阱中全身而退、满载而归，他靠的是自己的打法。

他的打法有五条指南：

第一条，大家都说不可能战胜赌场，可不可能得自己真试过才知道。

第二条，习惯性地将思考所得用于获利（关键词是“习惯性地”）。

第三条，制订可行计划，坚持直到成功。

第四条，始终保持理性，不是只在某个科学领域里保持理性，而是在与世界打交道的所有方面都保持理性。

第五条，保留意见，直到有足够证据再做出决策。

我一条条讲解。

索普的第一条总结：大家都说不可能战胜赌场，可不可能得自己真试过才知道。

这一条的关键不仅在于要真去试，更在于去哪里试。

“不可能战胜赌场”这句话其实绝大多数时候是对的。黑赌场就不用说了，进去你就是待宰的羔羊。就说拉斯维加斯正规持牌赌场，它就是个明牌的概率游戏。以轮盘赌为例，18 个格子归赌客，18 个格子归赌场，另外再多给赌场一个格子，球落在谁的格子里谁赢。赌场有 1/37 的概率优势。只要玩得次数足够多，赌场总是赢的。老虎机就更是如此。拉斯维加斯赌场里绝大多数赌法都是如此。

但有个赌法不一样，21 点。它的概率不固定，而是随着发牌变化。一副扑克陆续发牌，如果先出小牌，那么在剩下的牌堆里大牌较多，而大牌多对庄家不利，因为规则是17点以下庄家必须继续要牌，可能爆牌。剩下的大牌越多，赌客的胜率就越高。赌客就是要抓住这些机会，在胜率越高的时候下注越大。

找准时机，精准训练，保持纪律，赌客玩21点能战胜赌场。索普就这么做了。

对大多数人来说，人生从起跑线开始就不公平，确实如此，但抱怨也没用，不如把精力用来在对你不利的总体战场上寻找对你有利的局部战场。你总能找到几个。

索普的第二条总结：习惯性地将思考所得用于获利。

索普对纯理论兴趣不大。他不是为了思考而思考，而是为了下注而思考。这是其一。其二是他更关心理论与现实之差，因为这里有行动机会。

不光21点，索普还瞄上了轮盘赌。轮盘赌对庄家有利，上面讲过了，这是数学理论，无可争议。但球毕竟是要在轮盘上转动的，这是物理，物理与现实世界有关，而现实不完美，不完美索普觉得就有琢磨的空间：地面平不平整？轮轴顺不顺滑？初始速度对结果有没有影响？

他把一个数学概率的问题转化成预测球事实上会落在哪里的物理学问题。

他发动信息论创始人克劳德·香农（Claude Shannon），

两人合作搞出了世界上第一套可穿戴计算机，在赌场实战。设备放在香农的鞋里，香农站在庄家旁边测量轮盘的速度，然后用脚指头踩踏发出信号，索普用耳机接收，预测球最终落在哪些格子的概率偏高。

结果是他们太领先于时代，这套系统可用但不实用。他们玩玩就算了。这套设备至今还放在麻省理工学院的计算机博物馆里。更重要的是索普带来的启发：理论跟现实不一样的时候，对行动派来说，指责现实没意义，反过来说，指责理论也没意义。有意义的是从两者不一样的地方看到机会，特别是关注理论所依据的假设前提跟现实不一样在哪里，从中看到机会。对行动派来说，现实当然总是对的，理论本身很可能也是对的，如果能搞明白为什么两者有冲突却都对的话，那么你不仅也是对的，还能赚钱。

索普的第三条总结：制订可行计划，坚持直到成功。

这一条想必你一定懂，只是很难做到。我要补充一点，坚持与执拗在表面上没有什么不同，都是咬牙坚持，等待命运垂青，区别在于理性的坚持胜率高，不理性的坚持胜率低，就是这点区别而已。但现实的不确定性太高，我们往往无法事前区分胜率的高低，只能以结果论英雄。这不公平，但没有更好的法子。

索普的第四条总结：始终保持理性，不是只在某个科学领域里保持理性，而是在与世界打交道的所有方面都保持理性。

这一条我感触很深。因为我是新闻工作者的这层关系，见到太多精英人士，他们往往在自己这一行做到顶尖，但出了本专业则与常人无异。刚刚在朋友圈看两个朋友掐架，两个人都是本专业顶尖人士，一个是一流经济学家，一个是一流科学家，掐架则是有关教育、国际关系和国民性问题，对掐水平很低。

受索普启发，我想这现象的起因并不是专业知识壁垒本身，而是有三层因素。

第一层是对信息质量缺少辨别力，所谓“垃圾进，垃圾出”（garbage in, garbage out），输入的是垃圾，输出的也只能是垃圾。专家对本行业的信息质量很有辨别力，但对公共领域里的信息质量的辨别力不超过大众水平，也就是很低的水平。我那两个掐架的朋友就是被一篇完全不靠谱的公众号文章挑动得掐了起来。作为新闻工作者，我在这方面倒是有些发言权，有兴趣的话可以去读课程“大学·问”里的文章《怎样识别不靠谱信息》。

第二层是没做到学以致用，学习与运用自动隔离。学习对大多数人来说变成专用模块，进入本专业领域则自动调用，出了本专业就默认抛诸脑后。索普警醒自己也警醒我们，学习得变成通用模块，你才能不仅在擅长领域做到顶尖，还能在其他所有方面都能保持在一定水准之上，没有短板。

第三层是思维盲区有两种成因，一种是激励所致，一种是因为无知。无知好说，求知就好了。激励导致盲区就难解决得多，“我看不到是因为我不想看到，所以根本不去看”，“我有个先入为主的看法，于是避开与此不相符的现象”。我那两个掐架的朋友也着了这个道。为什么不靠谱的公众号文章能让他们掐得这么厉害？因为文章挑动了他们各自根深蒂固的观念。

索普的第五条总结：保留意见，直到有足够证据再做出决策。

这一条可谓集大成，希望你能反复念几遍。它提醒我们：

第一，意见是廉价的，行动才重要，行动及其结果是检验优劣的唯一标准。

第二，一方面是决策必须基于证据（evidence-based），另一方面是证据越过阈值就应该行动。证据越过阈值还不行动的，其实是浪费了精力，太发散了，他就不该关心这件事。

第三，在证据不足的时候，保留意见，悬置。这点最难。没有人喜欢心里悬着许多事没有结论，消耗认知能量，带来许多焦灼，只有经过刻意训练才能在不确定性前保持从容。胸有激雷，面如平湖，才可拜上将军。

总结一下，这一讲我讲了索普给行动派的五条指南。能够做到这五条的人，他们聪明，没有明显短板，有目的、有针对性的研究能力特别强，需要时能做很深的理论研究，但不为研究而研究；他们的好奇心不发散，总是聚焦于行动；他们平时呆若木鸡，偶尔动如脱兔，别人尚在争论不休，他们已经一骑绝尘。

祝你成为这样的行动派。

这一讲的灵感来自索普的书《全市场通吃的人》（*A Man for All Markets*），推荐给你。

周期思维：活下来，就赢了

这一讲我们讲周期。人们面对周期主要靠运气，但要是能多明白一点点，并把自己能做的那一点点做到了，差别会很大。

关于周期本身，我先告诉你这五点：

第一，一切重要的事都有周期。生有时，死有时；播种有时，收获有时；战争有时，和平有时；爱有时，恨有时。

第二，周期最强。讲一件事能不能基业永固，我们常常问是人重要还是规章制度重要。我直接告诉你答案：他们都重要，也都靠不住。周期比他们都重要。“时来天地皆同力，运去英雄不自由”，指的就是这个。没有什么能对抗周期。

第三，每一轮周期来临都跟上一轮差不多，但又不会完全一样。历史总是押韵。

第四，如果活得够长，周期中的一切你都将经历。术语叫作遍历性（ergodicity）：时间拉到足够长，有可能发生的都会发生。出来混迟早都要还；眼见他起高楼，眼见他宴宾客，眼见他楼塌了。古人还说，寿则多辱。

第五，周期是分层的，人生起伏，组织盛衰，王朝兴亡，各在不同层面，把时间横切一刀，从横断面上看每一层都运行着周期；层次之间又是相互嵌套的，个人命运很可能被楼上高好几层的另一个周期所塑造。一方面，决定一个人命运的最大因素不是个人努力，而是他在什么时间出生在哪里。另一方面，个人努力不是全无作为，尽量干预自己人生的小小周期，以期它与那些更大、更有力的周期相匹配，哪怕只是减少一点错配。正如大人物所说，“个人命运要靠自己奋斗，也要考虑历史的行程”。

讲了这些要点，你肯定要问，为什么会有周期，为什么变化不是线性向前的，圈子还会兜回来。自然界的周期自有天体物理学解释，我来讲人世间的周期动力学。人世间的各种周期，基本都来自同一个原因：正反馈，上一轮的输出成为这一轮的输入。

你现在就可以感受一下什么是正反馈。把话筒对着音箱，对着话筒说话，几秒钟后就听见啸叫：声音输入话筒，话筒传到音箱，音箱输出声音，声音再传到话筒……正反馈导致指数级增长。指数级增长太快，耗竭系统资源。

输出变成输入，正反馈在社会里无处不在，增长迅猛，耗竭资源，于是系统解体，重新来过，周期就是这样形成的。说它是好是坏没意义，现实就是如此。

我讲几类周期，跟资产价格和经济形势有关，方便你贴近，加深认识。

第一类周期涉及资产，比如说郁金香、君子兰、普洱茶，它们本身无利息无收益，也没多大用处，其价格上涨的唯一理由是人们预期它还会继续上涨。上涨的结果与对上涨的预期互相推动。这种正反馈持续时间有限，因为大多数参与者心里明白，参与进来只为追逐泡沫膨胀的过程，侥幸于能在破裂之前出逃。这种周期不少见，但它们只是一小部分人的狂欢。

第二类周期涉及公司，公司的股价上涨与盈利上升形成了闭环。闭环的意思是说，每一步，股价上涨都有企业盈利改善的支撑，而每一步股价上涨又反过来进一步帮助改善企业盈利。这其实就是索罗斯所说的反身性（reflexivity）。反身性在中国市场不少见，比如说某些消费品公司有庞大的销售渠道，销售渠道商购货囤货，同时购入企业股票，购货创造上市公司的销售收入和账面利润，再通过数十倍市盈率放大成股价上涨，销售渠道商先前买的股票获得巨额收益，再拿出来购货，就这样循环往复。只要市值继续膨胀，企业和渠道皆大欢喜。如果所选标的得力，故事动听，这个游戏可以持续很久，甚至变成许多人的坚定信念。茅台酒的故事就很像是这么一个故事。

第三类周期涉及经济，它这样转动：第一步，经济走出低谷，企业和家庭的预期改善，企业增加投资，家庭增加消费，银行增加放贷；第二步，杠杆加大，信用扩张，推动经济进一步向上；第三步，信用扩张与经济增长互为因果，循环自我强化。如果在好日子里过度陶醉，以为进入新经济新周期，忘了其实是信用扩张过度，那最后总会有第四步，“明斯基时刻”也就是结账时刻终将到来，繁荣结束，减杠杆开始。洗牌完毕，再重新开始新一轮周期。经济周期无人躲得过。

在无所不在的各种周期的笼罩之下，你该怎么办?

答案分长期和短期。

长期的意思是不论说的是哪种周期，你这辈子都会面临许多轮。比如说，金融周期的频率变密了，看样子是每十年有一轮，一个人的职业生涯大约有四十年，接下来你还能经历好几轮呢。你不用太着急，觉得一生只有一次发财机会；如果你抓住了发财机会也别太得意，以为赢了一次等于赢了一辈子。放长到整个职业生涯，最重要的是从很多轮周期中活下来，你要考虑的不是一时的得失，而是要有个长期靠谱的方案。

靠谱的意思就是不用多复杂，看一眼就知道靠谱。知道winter is coming（凛冬将至）这事免不了，就得在秋天“贴膘”。奔跑时不要跑脱力，休整时别“放羊”；逆势时拳头能缩回来，顺势时能打出去。顺境别一路放足杠杆，逆境挺住别放弃。

这些道理一看就靠谱，人人都懂，但真正能做到的人不多，一是人事实上往往随波逐流，二是因为激励约束出了问题。如果说玩脱的收益归个人，亏损大家担，你也会选择玩脱。但不要搞混了，你自己人生的激励约束是不会错配的，关于自己，你得有个靠谱的方案。

短期的意思是说，在任何一轮周期中，你怎么去识别和捕捉拐点。

这里我有两个相反的推荐，第一个给绝大多数人，你别去捕捉拐点。拐点是不可知的，至少是不可稳定地预知的。这话对绝大多数人都成立，不过你并不是无可作为，总有一些尺子会告诉你现在是偏高还是偏低。比如诺贝尔奖得主罗伯特·席勒衡量美股高低的指标，是将当下的市盈率与美股过去十年的平均市盈率进行比较。席勒依据这个简单法则告诉大家美股偏高的程度，这一轮，他发出预警已经好几年了。跟以前一样，人们总是刚开始特别重视，然后美股接着涨了好几年，大家转而嘲笑席勒。我来告诉你，席勒一定是对的，无非是晚点。

你不必非得用席勒的尺子，但凡是个简单靠谱符合常识的尺子都可以，用它来度量你关心的那个周期，还在偏低区域就进取一些，已经在偏高区域就保守一些。错不到哪里去。

对绝大多数人来说，做到这里，就已经战胜了绝大多数人。但是，如果你不满足于此，还想再进一步，听听我的第二个推荐，一个用来捕捉拐点的理论。

这个理论叫作 LPPL（Log - Periodic Power Law，对数周期性幂律）模型，其创立者苏黎世联邦理工学院教授迪迪埃·索尔内特（Didier Sornette）认为，它可以精确地预测泡沫破裂的位置和时间。索尔内特本是地球物理学家，专攻地震预测，最终转向金融，他发现股市泡沫破裂跟地壳断裂有一个关键的相似之处：在地震之前，地壳内部压力超指数增长；同样地，在泡沫破裂之前，股价超指数上涨。

所谓超指数上涨，是指其增长速度比指数级增长还高。它表现在股价走势上，是人们常说的股价加速赶顶，加速度越来越快，俗称“最后的疯狂”。索尔内特教授给了它精确的数学表达，通过捕捉股价超指数上涨的痕迹，识别拐点。

捕捉拐点是投资业的终极秘密，我们对任何一个宣称找到它的人都应该保有怀疑：在信息透明、理性、完整的金融世界里，不可能稳定地捕捉到拐点。金融市场是个动态系统，你这次捕捉到了，下次大家都学你的办法去捕捉拐点，那么拐点就会提前到来，预测就会被证伪。这是个悖论：越多人服膺理论，它就越不成立。但在现实世界里，人们通过学习调整行为需要很长时间，假如索尔内特的理论是成立的，那么在它被广泛接受从而变得不再成立之前，还会有很久。

总结一下，这一讲我们讲了怎样识别周期，介绍了几类常见的周期。对绝大多数人来说，个人的成功就是把自己人生的小周期与社会的大周期匹配。如果你属于极少数人，雄心勃勃地想去捕捉周期拐点，我把索尔内特的模型推荐给你，无论是哪种现象，如果其变化不仅越来越快，而且变化的加速度也越来越快，那么拐点多半就近了。

这一讲的灵感来自《股市为什么会崩盘》（*Why Stock Markets Crash*），作者索尔内特教授做了个金融危机观察室，过去十年来，实时预警金融泡沫风险，所有数据全放到网站上。如果你属于那些勇猛精进的极少数人，自己去看吧。

胜败思维：人必有一败

这一讲我们讲失败。讲一个失败者的故事。这个故事特别打动我，因为主人公没有任何失败的理由但还是失败了，这使我对失败有了更深的理解。

这个人叫维克多·尼德霍夫（Victor Niederhoffer），曾经的全球头号对冲基金经理。

尼德霍夫在纽约布鲁克林街头长大。这地方在长岛，离曼哈顿不远，以前是纽约的中下层阶级住的地方，但向上的流动性不差，走出了很多大人物。“布鲁克林”这个词在美国文化环境里有些特别含义，意指 street-smart，即街头智慧：洞察现实，如鱼得水。布鲁克林长大的人从不天真，总有办法。

尼德霍夫是超级运动员。他擅长一切用拍子打球的运动，上大学才专注于壁球，后来成为最伟大的壁球运动员之一。美国商界金融界成功者中，运动员出身的比例很高。原因大概有这么几个：一是社会选择，美国社会对表现优异的运动员本身高看一眼；二是运动员自律性强大，要在任何一个运动项目上取得好成绩，都需要经过十年以上的大运动量训练；三是在运动员眼中，困难是用来克服的。他必须这么想，不这么想的早干别的去了；同时，命运并不完全掌握在自己手上。那些经过长期训练、艰苦努力终获冠军的运动员，已完成了最重要的人生教育：努力可能有回报，不努力肯定没有回报。

尼德霍夫知道自己不是什么都行，他有所为，有所不为，只能在自己真正擅长的地方下注。年轻时他打得州扑克，一路赢钱，以为自己是扑克天才，直到被人一次清光。于是他在那时就做了决定，永远不赌扑克。他还真做到了。

尼德霍夫有最好的学术训练。他凭着运动特长进了哈佛大学，主修经济学和统计学，然后在芝加哥大学拿到经济学博士学位，毕业后在加州大学伯克利分校当金融学教授，专攻金融市场的各种失灵，发表了论文《股票交易所的做市和逆向交易》（Market making and Reversal on the stock Exchange），这奠定了他作为统计套利先驱者的地位。什么是统计套利呢？就是用统计学工具在各种金融产品交易价格之间发现稳定的相关性，在价格与此发生偏离时，卖出相对高估的，买入相对低估的，套利挣钱。尼德霍夫是今天各种量化交易的鼻祖。在那个时代发现这种相关性不是靠人工智能，而是靠人的眼光，他就有的是奇思妙想。比如说他分析报纸报道世界大事所用的字号大小与涉及的股票价格变动幅度的相关性。字号越大，股票价格变动越大。他用这个发现发了篇论文《世界大事与股价分析》（The Analysis of World Events and Stock Prices），算得上在社交互联网出现之前的舆情大数据分析了。

尼德霍夫已经获得了极大的成功。布鲁克林长大的人不会自己播种让别人摘桃。他下海自己做对冲基金，自己的发现自己收获。从 1980 年到 1995 年，他所管理的资金的平均年收益率是 30%，1996 年的收益率是 35%。35% 的收益率的意思是差不多两年翻番，那么 16 年就翻 8 番，最早投入的 1 块钱，16 年后增值到 256 块钱。他在 1996 年被评为“全球头号对冲基金经理”。

尼德霍夫在投资界有最好的导师。索罗斯看好他，让他管理自己的外汇和债券交易投资。索罗斯这个人以无情著称，用过的大多数明星交易员最后都被他开掉了。尼德霍夫是唯一一个在赚着钱的时候主动离开他的。两人保持长期友谊，尼德霍夫从索罗斯那里不仅学到管理交易的风险，还学到管理人的风险。有次尼德霍夫告诉索罗斯，自己在某一笔交易中为了保护索罗斯的利益如何牺牲了自己的利益。索罗斯用母语匈牙利语嘟囔了一会儿，过几天就要求对尼德霍夫管理的资金做全面审计，他对尼德霍夫说，“我完全信任你，但这个全面审计是必须的，既保护我，也保护你。”尼德霍夫这才想起来问，当初你嘟囔的话是什么意思。索罗斯告诉他是匈牙利谚语：别人越对你说他有多诚实，你就越要看好自己的钱包。尼德霍夫大笑：学到了。

尼德霍夫清楚自己承受不起失败。他有六个上私立学校的孩子要付学费，工作和生活习惯又很非常规，一旦垮台很难重来。

最重要的是，尼德霍夫非常了解失败是怎么回事。他的外祖父曾经是杰西·利弗莫尔（Jesse Livermore）的搭档。利弗莫尔是华尔街最早的交易天才、20 世纪二三十年代的传奇人物，金融投资经典《股票作手回忆录》（*Reminiscences of a Stock Operator*）的主角，一生大起大落，做投资的人没有不知道利弗莫尔这个名字的。

尼德霍夫从小就听外祖父讲利弗莫尔的故事，知道他是个什么样的人：

利弗莫尔不自欺欺人，老老实实把自己做的事叫投机。股市上的玩家有三种：投资、投机、赌博。他自认是投机而不是赌博，大意就是寻找对自己有利的形势再下注。

利弗莫尔能克制。在他最强势的时候，整个华尔街求他停止“做空”，以免毁掉整个股市，他就真住手了。他知道市场要是真垮了对他也不利。

利弗莫尔懂得交易的成功取决于理性能否控制得住冲动，他说自己真正挣大钱用的不是手而是屁股，下完注得坐得住。

利弗莫尔知道得控制风险，他给自己的妻子和每个孩子各存了一份年金，他知道自己急红了眼会把所有能拿走的钱都拿走。

利弗莫尔知道押错是难免的，如果不押错的话，一个人拥有全世界只需要一个月时间；重要的是从错误中学习，最好下次用同一个错误来挣别人的钱。

这些千锤百炼的智慧利弗莫尔没有一个不懂，但结局是吊诡的，他一生三次破产，前两次重新发家，最后一次以自杀终局。

所有这些，几十年后的尼德霍夫同样都懂，倒背如流，而他的结局同样吊诡：1996 年，他被评为全球头号对冲基金经理，登顶；1997 年，他出版回忆录《投机生涯》(*The Education of a Speculator*)，回顾成长经历，分享投资经验和人生体会。这本书出版时，他在东南亚做了笔投资。同年东南亚金融危机到来，这一笔投资就把他搞垮台了，从此无法东山再起。他跟利弗莫尔倒在同一个地方：下错了注，又下得太大。

我了解尼德霍夫这个人，最早还是因为他在纳西姆·尼古拉斯·塔勒布［Nassim Nicholas Taleb，就是写《黑天鹅》（*The Black Swan*）的那位］的书《随机漫步的傻瓜》（*Fooled by Randomness*）里作为反面人物出现。在那本书里，他的面目是过度自信，过大下注，以为一切尽在掌握，终于爆仓。读尼德霍夫本人写的《投机生涯》才知道，塔勒布懂的，尼德霍夫何尝不懂？正如尼德霍夫懂的，利弗莫尔何尝不懂？这些人站在成功之巅，讲述自己从失败中一路死拼，直到当时的成功之路。回顾以往，却不知道失败还在前面等着他们。我看后人写前人，又看后人被更后人所写，有种浓浓的希腊悲剧感：哪怕他浸润于街头智慧，接受了最好的学术训练，又成为顶级壁球手，一路拼来，洞察人性，阅尽被爆仓毁灭的前辈的人生，最后仍然不免于失败。

这样的人都不免于失败，还有谁能不言败？

我得到了四点启发。

第一，对市场的无常要有更多的敬畏。“告诉我会死在哪里，我就不去那里。”我在另一课《选择：逃离作死》中引用了芒格的这句话，但这句话只是对巴菲特、芒格他们来说是对的。对绝大多数人来说，知道会死在哪里，偏偏就死在那里。利弗莫尔、尼德霍夫，这些第一流的失败者什么都懂，也见惯毁灭，却仍然躲不开毁灭。命运惩罚他们，自然也不会垂青别人。

第二，失败几乎是必然，因为我们的抱负总是跑在能力之前。彼得法则说，组织会将一个人提拔到他不能胜任的岗位上去。因为他只要胜任某一级岗位，就有机会被提拔上去，直到不能胜任为止。这话像是儿戏却不是，它就是英雄豪杰的人生通道，总是会把自己推到、拉到力不能及之处。要是能冷静地把抱负拉下来跟实力看齐，他们就不是英雄豪杰了。

第三，既然知道不免于失败，就好好选择死在哪里。选择死在哪里，中国人叫作“死所”。将军的死所是战场，炒家的死所是市场。每个想做英雄豪杰的人都得先想好死所。

第四，对那些无意于做英雄豪杰的人来说，有个判断英雄豪杰会不会失败的简易指标。这个指标既不是英雄豪杰的认知，他们的认知是足够的，也不是英雄豪杰的经历，他们过往的经历主要是成功。但是，当英雄豪杰开始在回忆录里讲自己人生成败的经验教训的时候，你就知道他离下一次失败不远了。这是唯一精确的反向指标。

总结一下，这一讲我们说到，对英雄豪杰来说，失败本必然。有两点推论：第一是如果失败，你能与自己和解。反正大家都会失败，只是姿势不同。第二是选好自己准备怎么失败。你都做好失败的思想准备了，老天爷还能不让你选属于你自己的那一种失败的姿势吗?

这一讲的内容大都来自尼德霍夫的自传《投机生涯》，不需要另做介绍了，这本书的写作一般，内容杂乱，到处都是情绪饱满的自言自语，但你读下来会发现极有价值。这一讲提到的另外两个人、两本书也是这样：索罗斯的《金融炼金术》（*The Alchemy of Finance*）和利弗莫尔的《股票作手回忆录》，跟赢家巴菲特每年写给股东的信相比，我更爱读这些输家诚实炽热的自言自语。

面对天命

自由：如何做一生就一次的选择

这一讲，讲怎么做人生选择，这么复杂的事，必须只能用最简单的框架来解释。

我的解释只需要两个按钮。

第一种情况，你的人生里会有许多大事。你也许认为正确的做法是这样的：每件大事都全心全意全力以赴，做完一件，再做另一件。

其实，这样做大多数时候是错的。

我拿出说好的两个按钮，按其中一个结果是翻番，按另一个是亏损一半，但你不知道哪个是哪个。你应该怎样做才能保证获得正收益？

如果先按一个再按下一个，全力以赴做完一个再做另一个，你将始终回到原点：先涨一倍再亏一半，回到原点；先亏一半再涨一倍，也是回到原点。假设你两个按钮同时按，则一个翻番一个减半，加起来除以 2，你能获得 25% 的正收益。

同样两件事，用串联来做还是用并联来做就会造成这么大差别。它告诉你一个道理，同一时间段不要只做一件事，要做一个事件的组合。这就是最基本的多元化策略。在绝大多数时候，它减少你的风险，还增加收益，就是这么神奇。但凡可能，人生中的大事你要把它们组合起来做，不要一件一件依次处理。高风险、高收益的决策必须要同时做几个。

第二种情况，面临各种人生大事时，你选择稳定还是冒险？

还是用两个按钮。按一个每按一次挣 100 万；按另一个每次挣 1 亿或者全部亏光，各有一半可能，亏光游戏就结束。选定按钮就必须一直玩下去，不能停止，无法反悔。你按哪个？

作为一道题，你应当按第一个按钮。第一个按钮好比上班打卡，第二个好比孤身创业。创业的人那么多，但如果你也想创业的话，应该想想那些选择创业的人，其条件跟上面有什么不同，你能不能做到。

有人按第二个按钮是因为他有机会反悔。我在得到 App 课程“大学 · 问”里提到的蔡崇信就是个例子。他对耶鲁法学院的校友们自陈放弃投行优裕条件，加入当时还是草台班子的阿里巴巴的原因：反正我毕业于耶鲁法学院，总不会缺一份工作，所以我可以冒险。蔡崇信只是随口分析，其实有算法支持。创业与否取决于你有多少次创业机会。假设上班和创业的预期收入均值一样，而前者是正态分布，后者是幂律分布，也就是说，上班的发财机会极小，拿平均工资的机会极大。创业的发财机会小，但不是极小，拿平均工资的机会极小，一无所有的机会挺大。你选哪个要看你有几次创业机会，次数越多就越应该创业。次数很多的话，就是蔡崇信所说的，创业失败还可以回去上班嘛，等于有个免费期权。不拿白不拿。要是反过来，如果只有一次创业机会，你最好选择老老实实上班算了。倒推回去，什么样的人能承受得起多次创业？有钱的，学历高的，有家世的，等等。老话说，千金之子坐不垂堂，有钱人比较小心，这句话只看到一面，另一面是越有资源的人越冒得起险。

有人按第二个按钮是因为没有机会按第一个按钮，找不到工作就创业，就是要拼这个小概率游戏。有人按第二个按钮是因为他天生就是这种人，生来就要按第二个按钮。比如说埃隆·马斯克（Elon Musk）。按第一次，有了Paypal（贝宝）；按第二次，有了特斯拉。他是永远不会停下来的，再按下去他要上天了。

如果你按第二个按钮，想清楚你属于上面哪一种人。敢冒奇险的人要么其实非常安全，选择很多；要么本来就极度不安全，没得选择。如果你两者都不是，还是按第一个按钮吧。

第三种情况，面临一生只有一次的选择时，你怎么选?

世上没有两片完全相同的叶子，人不能两次踏入同一条河流，但这里所说的一生一次不是这种形而上学意义上的独特。人生中的大多数决定是可以重复的，或者近似地可重复。人生百年，许多事周而复始如轮转，或者至少能用可重复的眼光来看待它们。所谓把眼光放长，不执着于一时一地一事，指的就是这些。

但反过来说，越重要的事情越不怎么重复，最重要的事情往往不可重复。一生只有一次的选择，我们每个人最终会遇到，应该怎么做?

仍然是刚才这两个按钮，但现在只能按一次，而且再没有其他按钮等着你了，这辈子就只有这两个按钮。按第一个给你 100 万，按第二个可能给你 1 亿可能什么都没有。你选哪个?

这个问题没有标准答案。钱对每个人的用处不同，100 万对普通人很重要，但要是对王健林来说，1 亿也只是个小目标。哪怕是对同一个人来说，1 亿的价值也不是 100 万的 100 倍，它的价值不是线性增加的。如果你必须做某件事，而这件事的门槛是 1 亿，那么 100 万对你而言一文不值。反过来说，对快要饿死的人来说，确定的 100 万比不确定的 1 亿重要，拿 100 万能活下来，博 1 亿可能死。

跟面临一生只有一次决定的人谈概率，他会说，概率是多少没错，但对我而言，一旦发生了就是100%啊。他说得没错，单一事件没有概率可言。

这就是孤例难题。我们每个人都是孤零零地面临它，仿佛面对只属于我们自己的天命。在这里，没有什么原则、规矩、惯例规定我们必须做何选择才是正确的。这些原则、规矩、惯例倒是都还在手边，但只是做选择的拐杖，我们不非得用任何一个，因为任何一个并不比其他的更合理。

我介绍一种选法。哲学家和概率学家查尔斯·桑德斯·皮尔斯（Charles Sanders Peirce）建议，即使这是一次性选择，预期收益在此也并无实际意义。我们还是应该做预期收益更高的那个选择，也就是按下第二个按钮。

他说："（在做一次性选择时）逻辑要求我们的利益不再受限于自身，不能锁定于自己的命运中，而必须拥抱整个社群；同样地，社群利益也不能受限于自身，而必须扩展到所有人类。它必须超越这个地质时代，超越所有边界。逻辑植根于社会原则。"

也就是说，对我们每个人来说的一次性选择，对整个群体、全部人类，以及未来世代来说，却是可重复选择的一次取样。只有这样，对每个人来说的一次性选择，其预期收益才获得意义。你是没有预期收益，但你为全人类的预期收益贡献了一次抽样。至于我们每个人为什么要这样，皮尔斯说，“因为信仰、希望和慈悲”。

这很崇高。但我们不是非得这样选，我们有其他选择。

我们可以按下第一个按钮，拿走确定的 100 万。理由只有一个：我就是这样的人，你管得着吗?

我们可以按下第二个按钮，拿走 1 亿或者面对毁灭，理由也只有一个：我就是这样的人，你管得着吗?

在一生只有一次的选择面前，我们是完全孤立的，也因此获得真正的自由。人生终于不再是做题，我们选择什么行为界定我们是什么样的人，再没有其他借口。

总结一下，这一讲讲了两层意思。第一层，人生选择表面上不是做题，实际上很多时候就是做概率题，懂概率能帮你做出正确决定；第二层，那种只发生一次的最重大的人生选择，看上去很像概率题，其实却不是。你只能做自己，而只要忠实于自己，怎么都不会做错。

这一讲的灵感来自伊恩·哈金（Ian Hacking）的《概率论和归纳逻辑导论》（*An Introduction to Probability and Inductive Logic*）。在我读过的所有与概率论相关的书中，我推此书为第一，此书简明清楚，又有思想深度，可惜没有中译本，我把书名留在文稿里，有兴趣的话，建议你去找来读。

自我：一个善人怎样才能活下来？

现实如此险恶，那么，第一个合作者是怎么活下来的？

假设100个人的世界里，99个是恶人，剩下的那个人怎么可能是善人？如果他是善人，他早该被恶人弄死了。

一个善人要活下来，至少需要存在另一个善人。两个善人彼此靠拢，相互温暖，结成坚强的小宇宙，借此远离坏人，在自己的天地里慢慢生长，直到坏人完成互相伤害、同归于尽，最终善人等来属于自己的胜利。

问题是，善人怎么才能找到另一个善人？

借用进化生物学里的“绿胡子效应”，想象这么一个场景：所有人都长黑胡子，只有两个人长绿胡子。绿胡子是如此独特又如此醒目，所以这两个人相互识别，走到一起。绿胡子这东西如此肤浅，本身当然不能决定什么，这两个人可以选择互相伤害，彼此出卖，但所有可能世界中的无数次相遇，总有一些时候，命运让他们选择彼此信任，相互合作。

于是，便有了光；再后来，就有了一切。

绿胡子效应描绘的是底线情形，现实并不全靠命运的随机安排，有更靠谱、凝聚力更强的标签——血缘、邻居、同道。我们跟亲人、朋友、邻居更能合作。人分亲疏，爱有差等：君君、臣臣、父父、子子，政治秩序与血缘人伦相互嵌套。合作秩序层层外扩，渐次笼括，家——国——天下。自然的也好，人为的也好，各种标签将人们彼此区分开来，自然分类，才使合作得以无中生有，却也造就形形色色的“华夷之防”：没有墙，合作就无从产生，有了墙又限制着合作的扩展。70亿人共存于今日世界，已经是合作秩序造就的伟大奇迹，同时，人群之间却为了任何合理或不合理的原因彼此相攻，有时用“批判的武器”，有时用“武器的批判”。“我们”与“他们”之分，是永恒无解的心结。

世界大同不是答案。大同世界理论上是这样实现的：合作秩序不断扩展，从家到国，从国到天下，恶人互相伤害直到消亡，最终天下大同。假设这个路径真能实现，那么，大同是无法维持的。人人兼爱则无爱，不仅是说大家都一样了就谈不上爱与不爱，还是因为人人兼爱的美丽新世界特招恶人。对他们来说，这个世界人傻钱多，速来。

博弈论已经揭示了这个循环。最初，一小部分善人抱团取暖，采用“以牙还牙”（tit-for-tat）策略，因为这个策略在对抗恶人上有奇效，它会在人群中扩散得越来越广，直到终于有一天几乎所有人都采取了它。这时，它的丧钟敲响，新策略会取代它。因为以牙还牙太过苛刻，只给对手一次机会，没有给误解留下空间。为什么不原谅对方一次呢？在大家都以牙还牙的时候，宽容是更优的策略。这个过程迭代多次，最终，社会里全是宽容谅解的老好人，一旦恶人重来，社会马上垮塌，推倒重来。

圣人不死，大盗不止。

自在：如何设计人生大战略

这一讲，跟你讲人生的大战略（the grand strategy）。

“大战略”这个词来自国际政治学术语，指最高层次的战略。牛津字典上说，它是最高层次的治国术，讲的是领袖应该如何运用军事、外交、政治、经济和其他力量来确保他所认为的国家利益。

我两年前参加耶鲁世界学人项目时，上了殿堂级学者约翰·刘易斯·加迪斯（John Lewis Gaddis）的“大战略”课。加迪斯专于冷战研究，这门课开了几十年，已成耶鲁名课。加迪斯领衔，一群顶尖学者和自尼克松、基辛格时代就参与美国对外政策制定的老家伙，面对耶鲁学生，用老家伙点题、年轻人讨论的形式，传授美国过去的大战略，理解现在的大战略，想象未来的大战略。

这堂课不是纸上谈兵。耶鲁是精英教育之巅，也是美国大战略的历史源泉之一，当年从这里走出来的人创建了中央情报局。这门课既兼容并包，欢迎我这样的外来者旁听，也内外有别，小规模聚会是不开放的。几十年间，选修这门课的学生加起来上千人，连通讯录都对外保密，许多人已身处美国国防外交要津。

回北京后没多久，看到加迪斯的新书《论大战略》（*On Grand Strategy*），读后深深震动。加迪斯近距离观察美国大战略的制定，读透古今大战略的成败，向年轻人传授大战略并相互辩驳，激发思维。他修炼了几十年的三样内功，在书里融会贯通，化为一位大学者留给世人的珍宝。

狭义的大战略服务于国家，广义的大战略则服务于每个人。穷则独善吾身，达则兼济天下，就是一种人生大战略。人生大战略就是你怎么协调必然是有限的能力与有可能是无限的抱负。有意识也好无意识也好，你一定是制定并运用自己的人生大战略，运用你的能力、资源来实现你所认为的人生价值。问题很简单，做起来却很难。就像卡尔·冯·克劳塞维茨（Carl Von Clausewitz）在《战争论》（*The Theory on War*）里所说，战争里的所有事都很简单，但简单的东西最难。人生也一样。

借用加迪斯的智慧，给你的人生大战略几点提示。

要敢为天下先，自我作古，自己为后人树立先例，而不是被前人树立的先例所束缚，所以，绝不要被大人物唬住。

大人物的优势是他们身居高位，这恰恰也是他们的劣势。常识如同氧气，位置越高就越稀薄。位置越高能见度也越小，从下面看着高不可攀，上面的实际情况却是危如累卵。大人物爬得越来越高，结果总是忘记了重力，而重力总会起作用的。

随着你自己的位置越升越高，掌控越来越大的格局，你越得泰然行事。泰然行事并不是因为一切尽在你的掌握，而是因为一切必然完全超出你的掌握。列夫·托尔斯泰（Leo Tolstoy）在《战争与和平》（*War and Peace*）中写俄国名将库图佐夫（Kutuzov）在与拿破仑·波拿巴（Napoléon Bonaparte）决战时，不动如山，因为沉着镇定稳定军心是开炮以后他唯一能做的事情。你的位置越高，领导力就越不在做事情本身，而越集中于发出正确的信号，成为大家在合作中彼此协调所必需的那个聚焦点。皇帝的新衣的故事被当作笑话讲，大家却往往忽视了其合理内涵：假装穿新衣是皇帝的本职工作，所有皇帝都得假装穿着新衣。只要他假装穿着，只要大家假装他穿着，格局就还在。孩子揭穿这种事，是因为孩子确实不懂事。

在一切必然超出掌握的现实里摸索，你得有个方向，但不要过度准备。德国人打仗以精密计划著称，但就连发明军队总参谋部的那个老毛奇（Moltke）也说，枪声一响，计划就变废纸。人生际遇是一个接一个的偶然，你不可能事先准备得过来。智者不去探究虚幻的因果链条，而是走一步看一步，只要不是随波逐流，有罗盘提醒自己要去的是哪个方向。

在路上，你要带上清单而不是地图。那些意外丛生的地方，没有地图可言，而最危险的是自以为有地图。清单提示你要做好那些事先能做的准备，以免意外一击就将你击倒。但清单不是戒条，它只是在各种已知的意外中取最大公约数，准备那些能解决的问题，至于未知的意外，它给你留下了自己做决定相机行动的弹性空间。

同样的道理：理论很有用，但你得知道怎么用好它。克劳塞维茨说，理论就是有例外的规则，而不是包打天下的法则。它是过往经验的结晶，但对未来的预测能力有限。它最好的用处是当作训练教材。关于理论有句话，两头都说到了：所有理论都是错的，好在有些还有用。有用就继续用，别忘了前半句就行。理论服务于现实而不是相反，当现实反过来纠正理论时，这是现实对理论的回馈。这时你要感激，不要说傻话，说什么理论不会错，是现实错了。

你为未知意外所能做的最好准备，是拥抱自己的前后不一和自相矛盾，把它们变成你的战略优势。无论意外来自哪个方向，你都已经做好了对冲。美国总统富兰克林·德拉诺·罗斯福（Franklin Delano Roosevelt）说过，别让我的左手知道右手在做什么。有人想将他的军：总统先生，如果都不知道另外一只手在做什么，你的大脑怎么给两只手同时下指令？罗斯福：只要能赢，自相矛盾无所谓。

罗斯福这么干可以，你则要注意，同时拥有两种截然相反的看法并能游刃有余，这种智慧只属于第一流人物。如果你身边人或手下没有这智慧，你不要轻易置他们于自相矛盾的境地，会把他们折磨得痛不欲生，一般人太重视前后一致和自我一致了。你在现实中管理自相矛盾与前后不一，最好把它们放在不同层级：左手做左手的事，最好别知道右手做的事跟它完全相反；右手也一样。他们接受不了，只要上一层的大脑能接受能处理就行了。自相矛盾的公式当然不成立，但自相矛盾的现实却最终会找到出路，把它交给时间，交给现实，时间和现实最后会选择方向。

自相矛盾也可以叫作权变，时左时右，时进时退，把这事跟随机乱来分开来的是原则。既要有原则，又要通权变，这话说起来容易做起来难。原则与权变的大宗师是亚伯拉罕·林肯（Abraham Lincoln）。有些事对林肯来说是不容谈判的，比如废除奴隶制，但选择在什么时机让大家知道这不容谈判，以及在什么时机做这件事，他掌握得像艺术。他宣布南北战争的目标是维护合众国的统一，首先是因为这确实是他的目标，也因为这个目标能在那个时刻凝聚最大限度的支持，要是说为了废奴打仗的话，有一半人马上就散了；战争有自己的动力学，打起来就停不下，得广泛动员资源，黑人参军自然而然地变成战争需要，没有谁会反对；然后，当黑人与白人并肩作战，为合众国流血牺牲，废奴就成为阻力最小的选择。废奴是目的还是手段？维护国家统一是目的还是手段？这些停留在争论阶段的话可以争到永远，在现实中则目的手段融为一体。一切既顺势而为，又自带完美节奏。大高手一旦出手，好像全不费力，能进就进，每有广泛支持就走下一步；该退就退，遇到难关就缩一缩。日拱一卒，偶尔猛进。相反，孤军奋战看起来很美，却大概率会失败。罗斯福对此完全同意："最可怕的是你在前面领导着呢，回头看人都走光了。"

对我们来说，正是因为每天都要在坚持原则与权变之间做取舍，所以分寸感极为重要：在目的与手段之间能不能为达目的不择手段？不择手段会不会使你变成你所憎恨的那种人？这些终极问题没有标准答案。人生大战略要将有限的能力与无限的抱负协调起来，协调就意味着两者相互依存，缺了哪个都不行：没有稳定就谈不上正义，没有正义的稳定无价值；没有战争就没有和平，不为了和平的战争无意义；等等。为"分寸"下的最好定义来自马基雅维利，他称之为美德（virtue）：做不得不做的事，但不为它所驾驭。

这导出最后一条，也是只有你才能为自己选择的一条。协调有限能力与无限抱负的人生大战略，关键在分寸，每个人都得决定自己的分寸在哪里。你的分寸在哪里？加迪斯给我们提了个建议：分寸要向自由（freedom）倾斜。在目的与手段之间，在稳定与正义之间，在战争与和平之间，在所有这些与那些之间，分寸要向保护自由倾斜，这里的自由指消极自由，即每个人免受别人干预的那种自由。

我同意加迪斯。

总结一下，这一讲讲人生大战略，它是将有限能力与无限抱负协调起来的元思维：人生未可知，你我怎么管理不确定性？怎么在不确定性之下管理自己？计划和理论可以帮我们一段路，但最后只能靠自己在未知地带摸索；我们无法超越任何一种重要的两难情境，唯一可以选的，是分寸。

这一讲的灵感来自加迪斯的新书《论大战略》。在这一讲中，我已经对这本书做了很多介绍，不再重复了。我就说一点，在我 2018 年所读的书中，这本书排在第一，强烈推荐给你。

这是这本书的最后一讲，30 讲的学习从“世界正在降维”开始，以“人生大战略”这一讲结尾。在这个降维风险越来越大的时代，希望你有十足的勇气，朝着自己要去的方向，带上清单，有计划但不执着于计划，有理论但不盲从于理论，时左时右，退一进二，不得不做的事那就放手去做，而又不被它所驾驭，在未知中航行，最终到达你的天命。

再见。